Recettes
de régime
pour le Micro-ondes

Jane Hunter

Traduit de l'américain par Delphine Nègre

Ce livre est dédié à Marty, mon mari,
pour sa gentillesse, son soutien et son sens de l'humour.

ISBN 1-882330-23-4
© 1994 The Magni Group, Inc.
Tous droits reservés.
Edité par The Magni Group, Inc.
P.O. Box 849, McKinney, TX 75070
Fabriqué AUX É-U

Table des Matières

Entrées

Commencez votre repas par l'une de ces recettes faciles et légères. Un déjeuner ou un dîner composé de plusieurs plats vous permet de manger plus lentement, et, vous donne ainsi l'occasion de ressentir la satiété à temps.

Petit déjeuner et brunch

Que vous soyez pressé ou non, vous trouverez dans ces recettes des idées appétissantes pour commencer la journée. Des pittas au fromage frais et aux fruits à consommer dans la voiture au pain perdu aux fraises et au Cottage cheese à déguster au lit, chacun trouvera le petit déjeuner qui lui convient.

Sandwiches et repas légers

Vous avez envie de quelque chose de léger ? Faites votre choix parmi ces délicieux "mini-repas" complets. Combinez l'un de ces sandwiches avec une des soupes présentées dans cet ouvrage, et vous obtiendrez un repas léger et digeste.

Soupes

Ce plat pauvre en graisse et riche en eau offre une variété infinie de goûts, de consistances et de couleurs. Bouillons, consommés ou potages, ces soupes sont toutes délicieuses et nourrissantes.

Salades

Une alimentation variée doit comprendre une grande quantité de légumes, de fruits et de produits céréaliers. Ces salades internationales répondent entièrement à ces critères en vous proposant de délicieux et créatifs mélanges.

Légumes

Pauvres en calories et riches en fibres alimentaires, les légumes doivent occuper une place de choix dans notre alimentation. Les glucides complexes qui les composent favorisent le bon fonctionnement de notre organisme. Goûtez notre sélection, et régalez-vous !

Riz, haricots secs et céréales

Ces produits remplacent avantageusement la viande dans toute alimentation saine et équilibrée. Essayez la paëlla végétarienne, la purée de haricots noirs au piment vert ou le riz sauvage aux haricots verts, et découvrez de nouvelles saveurs et combinaisons.

Pâtes

Les pâtes peuvent être nourrissantes et ne pas faire grossir. Le secret réside dans la sauce ou l'accompagnement. Pâtes à la sauce tomate et aux champignons, pâtes à l'orientale, linguine aux courgettes et aux tomates... toutes les possibilités sont permises, au gré de votre imagination.

Poissons et crustacés

Les poissons et fruits de mer sont idéaux pour la cuisson au micro-ondes. Plus besoin d'huile à frire ! Agrémentez-les d'une des savoureuses sauces incluses dans cet ouvrage pour un résultat parfait.

Volailles

La volaille (sans peau) est économique, riche en protéines et pauvre en calories et cholestérol. La cuisson au micro-ondes lui convient parfaitement, et ce livre vous propose mille et une façons de l'accommoder.

Viandes

Les diététiciens nous conseillent fortement de réduire notre consommation en viande et graisse animale. C'est un bon conseil et c'est la raison pour laquelle ce livre vous propose des plats de viandes maigres ou dégraissées, mais toujours riches en protéines, fer, zinc, vitamines B et autres éléments nutritifs.

Sauces et pâtes à tartiner

Les sauces procurent à vos plats de la variété et de la fantaisie. Elles feront de vos mets les plus simples, comme la pomme de terre au four ou le poisson bouilli, de véritables délices.

Desserts

Les desserts sont-ils bons pour vous ? Oui, si vous les choisissez parmi les recettes légères et faciles à préparer que vous suggèrent cet ouvrage. Du gratin de pommes au sorbet à la pêche, en passant par la salade de fruits chaude, voici un éventail de couleurs et de goûts pour finir le repas.

Boissons et amuse-gueules

Renoncez aux sodas, aux sucreries, aux chips et au café, tous chargés de sucre, de sel, de graisse ou de caféine. Préférez-leur les nachos, les muffins à la pomme et aux raisins secs, ou le jus de pommes et de canneberges chaud.

Introduction

La cuisine avec le Livre de Recettes Régime pour le Micro-ondes est facile et ne nécessite pas le comptage des calories. Toutes les recettes classiques et nouvelles ont été réduites à un taux minimal de calories, cholestérol, sucre et sel ; les produits à haute teneur en matières grasses ont été remplacés par des produits allégé ou de substitution.

Les avantages de la cuisine au micro-ondes

Le micro-ondes cuit la plupart des aliments plus rapidement que les méthodes traditionnelles. Les viandes retiennent moins de graisse et sont donc meilleures pour la santé ; les légumes cuisent dans leur propre jus, ce qui leur permet de conserver les vitamines essentielles. Les aliments n'attachent pas au plat, ce qui réduit donc l'utilisation d'huile de cuisson. Les légumes sont tout particulièrement appropriés à la cuisson au micro-ondes. Enfin, c'est un outil indispensable pour décongeler et réchauffer les aliments.

Les méthodes traditionnelles restent préférables pour certains types d'aliments, tels que les produits de boulangerie et les pâtes cuisinées. Mais que cela ne nous rebute pas : pendant que les nouilles sont sur le feu ou que le pain cuit au four, rien ne nous empêche d'utiliser le micro-ondes pour préparer de délicieux plats de légumes, sauces, viandes et poissons.

Recommandations nutritionnelles générales

Voici la liste des six principes nutritionnels publiés en 1990 par le Ministère de l'Agriculture et le Ministère de la Santé des États-Unis :

- Manger varié.
- Se maintenir à un poids convenable.
- Avoir une alimentation faible en graisse,
  corps gras saturés et cholestérol.

- Avoir une alimentation riche en légumes, fruits et produits céréaliers.
- Consommer le sucre en quantité modérée.
- Consommer l'alcool en quantité modérée.

Les recettes rassemblées dans cet ouvrage sont très variées, pauvres en sucre, graisse, cholestérol, sodium et calories. Elles sont toutes très appétissantes et proposent un choix considérable de légumes, de céréales et de fruits, que vous dégusterez avec plaisir.

Informations générales à propos des recettes

Toutes les recettes ont été élaborées pour un four micro-ondes de 650-700 watt.

Utiliser uniquement des récipients et accessoires en verre ou plastique résistant au micro-ondes.

Les recettes sont prévues pour 4 personnes, sauf indication contraire.

Lorsqu'il est dit de couvrir, utiliser le couvercle correspondant au plat de cuisson ou couvrir avec film plastique spécial micro-ondes en laissant une mince ouverture sur un côté, pour aérer.

Après cuisson, ôter le couvercle ou film plastique avec précaution. Les bords du plat peuvent ne pas sembler chauds, mais la vapeur qui s'en échappe peut vous brûler.

Jane Hunter

Jane Hunter a longtemps vécu dans le Midwest aux États-Unis ; elle est licenciée en pédagogie de l'Université de l'État du Michigan. Elle s'est ensuite installée en Californie du Sud où elle a enseigné pendant dix ans. Plus récemment, ses intérêts se sont portés sur l'entreprenariat, la peinture et la cuisine saine et équilibrée. "J'adore la bonne cuisine saine. J'aime la consommer, la préparer pour les autres, surtout pour mon mari, Marty, qui ne s'en lasse pas". Cet ouvrage est son second livre de cuisine.

Entrées

Champignons farcis à l'artichaut

8 gros champignons de Paris (ou 12 moyens)
150 g de cœurs d'artichaut coupés en morceaux
2 cuil. à soupe de piment rouge doux
2 cuil. à soupe de vin
1 filet de citron
1 pincée de poivre
1 pincée de poivre de Cayenne
1 pincée d'ail en poudre
2 cuil. à soupe de parmesan

Séparer les têtes des champignons et hacher les pieds. Dans un récipient, mélanger les pieds, les cœurs d'artichaut, le piment, le vin, le citron et les épices. Cuire à pleine puissance 2 à 3 minutes, en remuant deux fois en cours de cuisson.

Remplir les têtes de champignon avec le mélange et saupoudrer de parmesan. Disposer les champignons sur une grande assiette recouverte de 2 couches de papier absorbant. Cuire à pleine puissance 2 à 3 minutes.

Marinade de légumes

Recette facile et délicieuse.

1/2 poivron rouge, coupé en petits morceaux
1/2 poivron vert, coupé en petits morceaux
1 demi-verre de vinaigrette sans matières grasses aux herbes
1 cuil. à soupe de sauce Worcestershire
1/2 livre de champignons
10 tomates cerise
200 g de cœurs d'artichaut

Mettre les poivrons dans un plat de 2 litres. Couvrir et cuire à pleine puissance 1 à 2 minutes. Ajouter le reste des ingrédients. Remuer. Couvrir et laisser mariner à température ambiante pendant 30 minutes, en remuant deux fois.

Avant de servir, cuire les légumes à pleine puissance pendant 3 à 4 minutes.

Tomates farcies au crabe

4 tomates moyennes
250 g de chair de crabe reconstituée (ou surimi)
3 oignons verts émincés
1/4 de poivron vert haché
8 olives mûres dénoyautées et hachées
2 cuil. à soupe de chapelure
1 cuil. à café de vinaigre de vin rouge
Persil

Découper le chapeau des tomates et les évider. Dans un petit récipient, mélanger le reste des ingrédients et en farcir les tomates. Disposer les tomates sur une assiette recouverte de 2 couches de papier absorbant. Cuire à pleine puissance 2 à 4 minutes en tournant l'assiette en milieu de cuisson.

Crevettes Cajun

300 g de crevettes moyennes surgelées
1 grosse gousse d'ail émincée
1 petite feuille de laurier
1 cuil. à café de chili en poudre
1 pincée d'origan déshydraté
1 pincée de graines de céleri
1 pincée de paprika
1 pincée de poivre de Cayenne

Dégeler, rincer et égoutter les crevettes. Mélanger tous les ingrédients dans un plat de 2,5 litres. Couvrir de papier sulfurisé et cuire à pleine puissance 3 à 5 minutes, jusqu'à ce que les crevettes soient opaques, en les retournant chacune 1 minute avant la fin de la cuisson.

Crevettes à la chinoise

300 g de crevettes moyennes surgelées
1/2 cuil. à soupe de gingembre frais râpé
**   (ou 1/2 cuil. à café de gingembre en poudre)**
1 grosse gousse d'ail hachée
1 cuil. à soupe de sauce au soja
2 cuil. à soupe de vinaigre de vin de riz

Dégeler, rincer et égoutter les crevettes. Mélanger tous les ingrédients dans un plat de 2 litres. Couvrir de papier sulfurisé et cuire à pleine puissance 3 à 5 minutes, jusqu'à ce que les crevettes soient opaques, en les retournant chacune 1 minute avant la fin de la cuisson.

Brochettes orientales

12 brochettes en bois de 20 cm de long
1 blanc de poulet, coupé en morceaux
1 gros oignon, coupé en gros morceaux
1 gros poivron vert, coupé en morceaux
120 g de liserons d'eau coupés en tranches
4 cuil. à soupe de sauce Teriyaki
1 filet de citron

Mélanger tous les ingrédients dans un récipient peu profond et couvrir. Laisser mariner dans le réfrigérateur pendant 1/2 heure. Sur chaque brochette, alterner poulet, oignon, poivron et liserons d'eau.

Disposer les brochettes dans un plat peu profond. Arroser de jus de citron. Couvrir de papier sulfurisé et cuire à puissance moyenne 8 à 12 minutes, en retournant les brochettes une fois en cours de cuisson.

Boulettes de viande orientales

Pour les boulettes de viande :
250 g de dinde hachée
1 pincée de gingembre râpé
1 pincée d'ail en poudre
3 cuil. à soupe de persil chinois frais haché
(ou 3 cuil. à soupe d'oignon vert haché)
2 cuil. à soupe de graines de sésame
60 ml de substitut d'œuf (ou 1 œuf)

Pour la sauce :
60 ml d'eau
1/2 cuil. à café de Maïzena
2 cuil. à soupe de sauce Teriyaki
1 filet de citron

Dans un récipient, mélanger les ingrédients pour les boulettes de viande. Former des boulettes en utilisant pour chacune 2 petites cuillères de la préparation. Disposer les boulettes dans un plat peu profond et faire cuire sans couvrir à pleine puissance 3 à 5 minutes en les retournant une fois. Les ôter du plat et les mettre de côté.

Verser les ingrédients pour la sauce dans le jus de la viande restante. Bien mélanger. Cuire à pleine puissance 2 minutes 1/2 à 3 minutes, jusqu'à ébullition, en remuant 2 fois.

Verser la sauce sur les boulettes, cuire à pleine puissance pendant 2 minutes pour les réchauffer.

Pommes de terre italiennes

(pour 6 personnes)

3 grosses pommes de terre, piquées à l'aide d'une fourchette
1 cuil. à soupe d'huile d'olive
1 pincée d'origan en poudre
1 gousse d'ail hachée
50 g de mozzarelle allégée, grossièrement hachée.
3 oignons verts, coupés en dés

Disposer les pommes de terre dans le four micro-ondes de façon à ce qu'elles ne se touchent pas. Cuire à pleine puissance 7 à 9 minutes, en les retournant au bout de 4 minutes. Laisser refroidir. Les couper en deux dans le sens de la longueur et les évider en laissant une peau épaisse de 1/2 à 1 centimètre. Conserver la chair évidée pour d'autres utilisations.

Dans un petit récipient, mélanger l'huile, l'origan et l'ail. En badigeonner les peaux de pomme de terre, à l'intérieur et à l'extérieur. Disposer les peaux en cercle sur une assiette, le côté évidé dessous. Cuire à pleine puissance 3 à 4 minutes. Retourner les peaux et les saupoudrer de fromage et d'oignon. Cuire 1 minute à 70 % de la puissance jusqu'à ce que le fromage soit fondu.

Céleri farci

(pour 10 personnes)

5 branches de céleri sans feuille
1 petit oignon coupé en dés
1/2 poivron vert
1/2 carotte
50 g de fromage frais lisse (à tartiner), allégé
1 pincée de poivre
1 pincée de paprika

Mettre l'oignon dans un récipient. Couvrir et cuire à pleine puissance 2 minutes. Hacher finement le poivron et la carotte dans un mixer. Les ajouter à l'oignon. Ajouter le fromage frais et poivre et cuire 30 secondes à puissance moyenne. Bien mélanger. Étaler la préparation dans le céleri. Saupoudrer de paprika. Couper les branches en 4.

Sauce à l'aubergine

Servir avec du pain frais, crackers ou crudités

1 aubergine moyenne, piquée avec une fourchette
1 tomate moyenne grossièrement hachée
1 oignon moyen, finement haché
2 gousses d'ail hachées
1 cuil. à soupe d'huile d'olive
2 cuil. à soupe de jus de citron
2 pincées de sucre
1 pincée de sel
1 pincée de poivre

Mettre l'aubergine sur du papier absorbant et cuire à pleine puissance 6 à 8 minutes. Laisser refroidir, puis la couper en deux dans le sens de la longueur. Évider la chair et la passer au mixer. Ajouter le reste des ingrédients et bien mélanger. Mettre le tout dans un récipient et laisser refroidir au réfrigérateur jusqu'au moment de servir.

Légumes marinés

120 ml d'eau bouillante
1/4 tablette de bouillon de bœuf
60 ml de vin blanc
1 pincée de basilic déshydraté
1 pincée de persil
1 feuille de laurier
2 petites courgettes coupées en morceaux
1 poivron vert moyen épépiné et coupé en morceaux
16 petits champignons de Paris
8 tomates cerise

Dans un récipient en verre, mélanger l'eau bouillante et le bouillon. Ajouter le vin et les aromates. Mettre les légumes dans un plat peu profond et les recouvrir du bouillon. Couvrir et laisser reposer dans le réfrigérateur pendant 1 à 2 heures, en les retournant une ou deux fois. Jeter la marinade. Cuire les légumes à pleine puissance 4 à 6 minutes, en remuant en milieu de cuisson.

Champignons farcis au poulet

16 champignons de Paris moyens
1/2 branche de céleri coupée en dés
1 oignon vert haché
1 pincée de poivre noir
1/4 de poivron vert coupé en dés
60 g de poulet cuit, haché
25 g de cheddar allégé

Laver et égoutter soigneusement les champignons à l'aide d'un torchon propre. Ôter les pieds et les garder pour un autre usage.

Dans un petit récipient, mélanger le céleri, l'oignon, le poivre et le poivron. Couvrir et cuire à pleine puissance 1 à 2 minutes. Égoutter. Ajouter le poulet et le fromage à la préparation.

Remplir chaque tête de champignon avec le mélange et les disposer sur une grande assiette résistante au micro-ondes. Cuire à pleine puissance 2 à 3 minutes en tournant l'assiette en milieu de cuisson. Retirer les plus petits champignons dès qu'ils sont prêts.

Crudités au thon

80 g de fromage de Neufchâtel (ou fromage frais lisse à tartiner)
30 g d'oignon vert haché
1 cuil. à soupe de lait écrémé
2 cuil. à soupe de persil frais
1/2 cuil. à café d'aneth
1 filet de citron
200 g de thon en boîte, égoutté
1 grosse courgette coupée en tranches épaisses
1 gros poivron jaune coupé en triangles de 4 cm de côté
1 pincée de paprika

Dans un récipient, mélanger le fromage, le lait, les oignons, le persil, l'aneth et le jus de citron. Ajouter le thon et bien mélanger. Disposer les légumes sur une grande assiette et déposer une cuillère de préparation sur chaque morceau. Saupoudrer de paprika et cuire à puissance moyenne pour les réchauffer légèrement.

Crackers au fromage

100 g de fromage frais allégé
2 oignons verts hachés
1 cuil. à soupe de piment doux haché
1/2 cuil. à café d'ail en poudre
1 pincée de graines de sésame
20 crackers à la farine complète sans matières grasses

Cuire le fromage 1 minute à puissance moyenne jusqu'à ce qu'il ramollisse. Ajouter les oignons, le piment, l'ail et les graines de sésame en mélangeant bien.

Étaler une petite cuillère de la préparation sur chaque cracker et disposer environ 10 crackers sur une assiette. La passer au micro-ondes 1 minute à moyenne puissance. Recommencer l'opération avec le reste des crackers.

Courgettes panées

5 cuil. à soupe d'huile d'olive
50 g de chapelure
1 cuil. à café d'ail en poudre
1 cuil. à café de basilic en poudre
1 cuil. à café de persil déshydraté
1 pincée d'origan en poudre
3 courgettes moyennes, coupées en bâtonnets de 1,5 x 6 cm

Verser l'huile d'olive dans un petit récipient. Mettre la chapelure, l'ail, le basilic, le persil et l'origan dans un sac en plastique. Plonger les courgettes dans l'huile, puis dans le sac. Le secouer pour que la chapelure adhère.

Disposer les courgettes sur un plat. Couvrir de papier sulfurisé et cuire à pleine puissance 1 à 3 minutes.

Pâté de foie

Servir avec des crudités, des crackers ou tartiner sur du pain frais.

500 g de foie de volaille
1 petit oignon haché
3 petites gousses d'ail hachées
1 cuil. à soupe de vin
1 pincée de poivre
Persil

Rincer et égoutter les foies. Les mélanger avec l'oignon, l'ail le vin et les aromates dans un plat de 2 litres. Couvrir et cuire à pleine puissance 5 à 8 minutes.

Passer le mélange cuit au mixer jusqu'à ce que la préparation devienne onctueuse. Verser dans un bol et laisser refroidir au réfrigérateur.

Beurre de saumon

Servir avec des crackers à la farine complète et sans matières grasses.

1 boîte (500 g env.) de saumon égoutté, sans peau ni arêtes
120 g de fromage frais lisse allégé
1 filet de citron
2 cuil. à café de moutarde de Dijon
1 cuil. à soupe de câpres rincées et égouttées
2 cuil. à soupe de piment doux haché
2 cuil. à soupe de persil
1 cuil. à soupe de ciboulette
1 cuil. à soupe d'oignon haché

Verser le fromage frais dans un récipient et le cuire à pleine puissance 30 secondes jusqu'à ce qu'il ramollisse. Écraser le saumon dans le fromage, puis ajouter le reste des ingrédients. Mettre au réfrigérateur. Servir avec des crackers.

Champignons farcis aux noix

15 à 20 gros champignons de Paris
30 g d'oignon haché
1 cuil. à soupe d'huile
50 g de chapelure
25 g de noix concassées
1 cuil. à soupe de persil
1 cuil. à soupe de piment doux
1 pincée de poivre

Retirer le pied des champignons pour former une cavité. Hacher les pieds jusqu'à en remplir une tasse et les mélanger à l'huile et aux oignons dans un récipient de taille moyenne. Cuire à pleine puissance 2 à 3 minutes jusqu'à ce que les champignons soient tendres. Ajouter la chapelure, les noix et les aromates, et bien mélanger. En farcir chaque champignon et les disposer sur un plateau recouvert de papier absorbant. Couvrir de papier sulfurisé et cuire à pleine puissance 3 à 4 minutes.

Sauce au crabe chaude

Servir avec des crackers ou des crudités.

1 cuil. à soupe de margarine
1 pincée de curry en poudre
1 cuil. à soupe de farine
180 ml de lait écrémé
220 g de chair de crabe, authentique ou imitation
1 pincée de graines de céleri
1 pincée d'ail en poudre
1 pincée d'oignon en poudre
1 pincée de poivre de Cayenne

Faire fondre la margarine à pleine puissance 30 secondes. Ajouter le curry et la farine et battre vigoureusement jusqu'à ce que la préparation forme une pâte onctueuse. L'incorporer au lait en battant énergiquement. Cuire à pleine puissance 2 à 3 minutes, en battant toutes les minutes jusqu'à ce que la sauce épaississe. Mélanger le crabe et les épices. Verser la sauce dessus et bien mélanger. Couvrir et cuire 5 à 6 minutes à moyenne puissance.

Champignons marinés

1/4 litre d'eau
60 ml de vinaigre de vin rouge
1/2 cuil. à café de sucre
1 cuil. à soupe d'huile d'olive
30 g d'oignon haché
1 gousse d'ail, finement hachée
1 bonne pincée d'origan en poudre
1 bonne pincée de basilic en poudre
1 pincée de paprika
1 pincée de poivre de Cayenne
2 courges moyennes (ou un morceau de potiron)
coupées en dés de 3 cm
500 g de champignons de Paris, de taille identique

Mélanger tous les ingrédients, sauf les champignons, dans un plat de 2 litres. Couvrir et cuire à pleine puissance 3 à 4 minutes. Ajouter les champignons et cuire 3 à 4 minutes à puissance moyenne jusqu'à ce que les champignons soient tendres, en remuant toutes les 2 minutes. Laisser refroidir au réfrigérateur pendant 6 à 8 heures. Égoutter le jus et servir au bout de cure-dents.sommer, la préparer pour les autres, surtout pour mon mari, Marty, qui ne s'en lasse pas". Cet ouvrage est son second livre de cuisine.

Petit Déjeuner et Brunch

Œufs brouillés aux haricots noirs

240 ml de substitut d'œuf
50 g de cheddar râpé (ou mimolette)
1/4 de poivron vert, coupé en petits morceaux
100 g de haricots noirs cuits
1 petit oignon haché
1 pincée de poivre
1 petite tomate coupée en petits morceaux pour la garniture

Mélanger tous les ingrédients, sauf la tomate, dans un récipient. Cuire à 70 % de la puissance 5 à 7 minutes, en remuant toutes les minutes. Les œufs ne doivent pas être trop cuits. Laisser reposer 1 minute et garnir de tomate.

Crêpe mexicaine farcie

1/2 petit poivron vert, coupé en fins bâtonnets de 6 cm de long
1/2 petit poivron rouge, coupé en fins bâtonnets de 6 cm de long
1/2 petite courgette, coupée en fins bâtonnets de 6 cm de long
1 bonne pincée d'ail déshydraté
1 pincée de persil déshydraté
120 ml de substitut d'œuf (ou 2 œufs)
4 galettes de farine ou de maïs (tortillas)

Mettre les bâtonnets de poivrons et de courgettes dans un petit récipient, couvrir et cuire à pleine puissance 2 à 3 minutes, jusqu'à ce qu'ils soient juste tendres. Laisser reposer en laissant couvert 3 minutes.

Mélanger les herbes et le substitut d'œuf dans un petit récipient. Cuire à 70 % de la puissance 4 à 6 minutes jusqu'à ce que les œufs soient presque secs.

Étaler le mélange sur les galettes et disposer les légumes dessus. Rouler les galettes et les disposer rebord dessous dans un plat, en évitant qu'elle ne se touchent. Passer au micro-ondes à 70 % de la puissance 1 à 2 minutes.

Pommes de terre "grillées"

2 cuil. à café de margarine
1 petit oignon émincé
1 oignon vert, finement haché
1 bonne pincée d'ail déshydraté
1 pincée de basilic
2 pommes de terre à cuire moyennes,
pelées et coupées en dés de 1,5 cm.

Mélanger la margarine, les oignons, l'ail et le basilic dans un plat. Cuire à pleine puissance 15 à 20 secondes jusqu'à ce que la margarine soit fondue.

Ajouter les pommes de terre et les recouvrir du mélange. Cuire à pleine puissance pendant 7 à 9 minutes jusqu'à ce que les pommes de terre soient tendres, en remuant toutes les 2 minutes.

Pamplemousses tièdes

2 pamplemousses, coupés en deux, quartiers détachés
3 cuil. à soupe de gelée de framboises non sucrée
[1/2 cup] de framboises ou myrtilles

Étaler la gelée de framboises sur les moitiés de pamplemousse. Passer au micro-ondes à pleine puissance pendant 2 minutes. Faire pivoter les pamplemousses d'un demi tour et cuire de nouveau pendant 2 à 4 minutes. Décorer de framboises ou myrtilles fraîches et servir.

Œufs brouillés au cheddar

240 ml de substitut d'œuf
50 g de cheddar râpé allégé (ou mimolette)
1/2 poivron vert, coupé en petits morceaux
1 pincée d'ail en poudre

30 g d'oignon vert haché

1 pincée de poivre noir

1 cuil. à soupe de piment doux haché

Mélanger tous les ingrédients dans un plat moyen. Cuire à 70 % de la puissance 5 à 7 minutes, en remuant toutes les minutes. En fin de cuisson, les œufs doivent toujours avoir l'air liquide. Laisser reposer 1 minute.

Muffins à la banane et aux noix

75 g de farine complète

1/4 de cuil. à café de bicarbonate de soude

1 cuil. à soupe de sucre

1/4 de cuil. à café de cannelle moulue

1/2 banane mûre écrasée

3 cuil. à soupe de lait écrémé

1 œuf (ou 60 ml de substitut d'œuf)

25 g de noix concassées

Garniture :

2 cuil. à soupe de sucre

1 cuil. à café de cannelle moulue

1 cuil. à soupe de noix finement hachées

Découper du papier sulfurisé pour 7 petits moules à cake individuels, adaptés au micro-ondes. Dans un récipient, verser la farine, le bicarbonate de soude, le sucre et la cannelle. Mélanger. Ajouter la banane, le lait, l'œuf et les noix. Bien mélanger. Remplir les moules à moitié.

Dans une tasse, mélanger les ingrédients de la garniture. Saupoudrer le mélange sur les muffins non encore cuits. Disposer les muffins en cercle dans le micro-ondes et cuire à pleine puissance 1 minute. Tourner les moules d'un demi-tour. Cuire 1 à 2 minutes à pleine puissance. Les ôter immédiatement des moules et laisser refroidir sur une grille.

Saucisses aux pommes de terre

220 g de chair à saucisse de dinde

3 petites pommes de terre pelées et coupées en rondelles

2 oignons verts hachés

1 pincée de basilic déshydraté

1 pincée de poivre

Émietter les saucisses dans un plat à cuire. Y ajouter le reste des ingrédients. Couvrir et cuire à pleine puissance 6 à 8 minutes, en remuant bien toutes les 2 minutes, jusqu'à ce que les pommes de terre soient tendres.

Pain perdu
(pour 2 personnes)

120 ml de substitut d'œuf (ou 2 œufs)

1/4 de cuil. à café d'extrait liquide de vanille

1 cuil. à soupe de lait écrémé

1/2 cuil. à café de cannelle moulue

2 tranches de pain complet

Mélanger l'œuf, le lait, la vanille et la cannelle dans un récipient plat. Tremper les tranches de pain dans le mélange et les retourner. Les laisser tremper 1 minute.

Disposer les tranches sur une assiette plate et cuire à 70 % de la puissance 2 minutes.

Retourner les tranches et cuire 1 minute 1/2 à 2 minutes jusqu'à ce qu'elle soient sèches au toucher. Servir nature ou avec du sirop d'érable.

Pain perdu aux fraises et au Cottage Cheese

50 à 100 g de Cottage cheese allégé
25 à 50 g de fraises coupées en tranches *ou*
3 cuil. à soupe de confiture de fraise sans sucre

Suivre la recette du Pain perdu. En fin de cuisson, tartiner chaque tranche de Cottage cheese et les recouvrir de fraises. Cuire à pleine puissance 1 minute pour les réchauffer.

Galettes mexicaines aux œufs et champignons

240 ml de substitut d'œuf (ou 4 œufs)
1 petit oignon haché
1/4 de poivron vert haché
250 g de champignons de Paris émincés
4 galettes de farine ou maïs (tortillas)
25 g de fromage Romano râpé allégé

Mélanger le substitut d'œuf, l'oignon, le poivron et les champignons dans un plat peu profond. Cuire à 70 % de la puissance 5 à 7 minutes jusqu'à ce que les œufs soient presque secs, en remuant 3 fois en cours de cuisson.

Étaler le mélange d'œuf sur les tortillas et ajouter 1 cuil. à soupe de fromage. Rouler les tortillas fourrées et les disposer rebord en bas dans un plat en évitant qu'elles ne se touchent. Saupoudrer le reste du fromage dessus et cuire à 70 % de la puissance 1 à 2 minutes pour réchauffer les tortillas et faire fondre le fromage.

Gratin de fromage et saucisse

(pour 6 personnes)

220 g de chair à saucisse de dinde
180 ml de substitut d'œuf (ou 3 œufs)
200 ml de lait écrémé
2 cuil. à café de moutarde de Dijon
4 tranches de pain complet, coupées en dés
75 g de gruyère allégé râpé
1 cuil. à soupe de persil déshydraté
1 pincée de ciboulette
1 pincée de muscade moulue
12 petites pommes coupées en tranches
   et arrosées de jus de citron

Étaler la chair à saucisse de dinde dans un plat , couvrir et cuire à pleine puissance 3 à 5 minutes, en remuant deux fois en cours de cuisson. Égoutter le jus et laisser de côté.

Beurrer un plat de 1,5 litre. Disposer les cubes de pain en une couche régulière au fond du plat. Étaler la chair à saucisse dessus. Saupoudrer de fromage, persil et ciboulette. Dans un récipient, mélanger l'œuf, la moutarde et le lait. Verser sur le pain et la chair à saucisse. Couvrir et laisser reposer 5 minutes. Découvrir et cuire à 70 % de la puissance 10 à 15 minutes. Garnir de tranches de pomme sur le dessus. Laisser reposer 3 minutes.

Compote de pommes aux raisins secs

800 g de compote de pommes non sucrée
50 g de raisins secs
1 pincée de cannelle moulue

Mélanger la compote de pommes et les raisins secs dans un plat. Couvrir et cuire à pleine puissance 2 à 4 minutes. Saupoudrer de cannelle et servir.

Œufs brouillés Durango

240 ml de substitut d'œuf (ou 4 œufs)
1/4 de poivron vert coupé en petits morceaux
2 oignons verts hachés
1 petit morceau de potiron haché
1 petite tomate hachée
1 pincée de persil déshydraté
1 pincée d'origan en poudre
1 pincée de poivre noir
25 g de mozzarelle râpée

Mélanger tous les ingrédients sauf le fromage dans un plat à cuire. Cuire à 70 % de la puissance 5 à 7 minutes, en remuant toutes les minutes. Les œufs doivent être solides mais pas trop. Incorporer le fromage et laisser reposer couvert 1 minute jusqu'à ce qu'il soit fondu.

Bagels au fromage frais et aux myrtilles

6 cuil. à soupe de fromage frais lisse (à tartiner)
4 cuil. à café de noix hachées
2 bagels (petit pain juif, en forme de couronne)
coupés en deux et grillés
100 g de myrtilles fraîches ou autres baies rouges

Dans un petit récipient, faire ramollir le fromage 1 minute à 30 % de la puissance. Y incorporer les noix. Étaler la préparation sur chaque moitié de bagel. Recouvrir de myrtilles.

Omelette au bacon et brocoli

2 tranches de bacon de dinde, coupées en petits morceaux
50 g de brocoli haché
1 petit oignon haché
240 ml de substitut d'œuf (ou 4 œufs)
1 pincée d'ail en poudre

Mélanger le bacon de dinde, le brocoli et l'oignon dans un plat à cuire de 1,5 litre. Couvrir et cuire à pleine puissance 2 à 4 minutes. Égoutter.

Ajouter les œufs et l'ail à la préparation et bien mélanger. Cuire à 70 % de la puissance 3 à 5 minutes jusqu'à ce que les œufs soient pris, mais pas trop. Laisser reposer 1 minute.

Délice de rhubarbe et fraises

1 livre de rhubarbe surgelée
60 ml de jus de pomme
200 g de fraises fraîches coupées en tranches
2 cuil. à soupe de miel
1 pincée de cannelle moulue

Mélanger la rhubarbe, le jus de pomme et la cannelle dans un plat. Couvrir et cuire à pleine puissance 11 à 13 minutes en remuant toutes les 3 minutes. Écraser légèrement la rhubarbe, ajouter les fraises et le miel. Cuire à 70 % de la puissance 1 minute pour réchauffer les fraises.

Pittas aux fromage frais et aux fruits

Recette facile et rapide à préparer.

2 pittas (18 cm de diamètre)
4 cuil. à soupe de fromage frais allégé
4 cuil. à soupe de noix hachées
100 g de fraises coupées en tranches
1 pincée de cannelle
1 pincée de muscade

Couper les pittas en deux et les remplir de fromage, noix et fraises. Les disposer sur une assiette recouverte de 2 couches de papier absorbant. Les recouvrir de papier absorbant et cuire à pleine puissance 45 secondes à 1 minute 1/2 pour réchauffer. Saupoudrer de muscade et de cannelle.

Œufs brouillés à la saucisse

240 ml de substitut d'œuf (ou 4 œufs)
1 petit oignon haché
1/4 de poivron vert coupé en petits morceaux
250 g de chair à saucisse de dinde
1 petite tomate coupées en rondelles pour la garniture
8 olives noires dénoyautées et coupées en rondelles

Mélanger le substitut d'œuf, l'oignon, le poivron et la chair à saucisse dans un plat. Cuire à 70 % de la puissance 6 à 8 minutes jusqu'à ce que la dinde soit cuite et que les œufs soient presque solides, en remuant toutes les minutes. Garnir de tomate et d'olives.

Omelette garnie

3 tranches de bacon de dinde hachées
60 g d'oignons verts hachés
120 g de champignons de Paris, émincés
240 ml de substitut d'œuf (ou 4 œufs)
1 pincée de basilic déshydraté
1 pincée d'origan déshydraté
25 g de cheddar allégé (ou mimolette)
1 petite tomate épépinée et hachée

Dioptres le bacon de dinde sur une assiette en carton et couvrir de papier absorbant. Cuire à pleine puissance 2 minutes.

Dans un récipient, mélanger le bacon de dinde cuit, les oignons et les champignons. Cuire à pleine puissance 3 minutes en remuant une fois en cours de cuisson.

Ajouter le substitut d'œuf et les aromates. Verser le tout dans un plat à tarte de 25 cm de diamètre. Cuire à 70 % de la puissance 4 à 6 minutes jusqu'à ce que les bords soient cuits, en tournant le plat une fois.

Soulever avec précaution les bords de l'omelette avec une spatule en caoutchouc, de façon à laisser couler l'œuf non cuit en dessous. Recouvrir de tomate et de fromage. Cuire à 70 % de la puissance 3 à 5 minutes jusqu'à ce que l'omelette soit prise, mais pas trop.

Flocons d'avoine aux fruits

320 ml d'eau
65 g de flocons d'avoine à l'ancienne
1 cuil. à soupe de sirop d'érable
1/2 orange pelée en quartiers
1,5 cuil. à soupe de noix hachées

Mélanger l'eau, les flocons d'avoine et le sirop d'érable dans un récipient. Cuire à pleine puissance 3 à 4 minutes jusqu'à la consistance désirée. Verser dans des bols individuels et recouvrir de quartiers d'orange et de noix. Servir.

Flocons d'avoine à la banane

(pour 2 personnes)

320 ml + 2 cuil. à soupe de lait écrémé
65 g de flocons d'avoine à l'ancienne
2 cuil. à soupe de raisins secs
1 petite banane pelée et coupée en rondelles
1/2 cuil. à café de cannelle moulue

Mélanger les 320 ml de lait, les flocons d'avoine et les raisins secs dans un récipient. Cuire à pleine puissance 3 à 4 minutes jusqu'à la consistance désirée. Incorporer la banane, la cannelle et les 2 cuil. à soupe de lait. Cuire 1 minute pour réchauffer le tout.

Flocons d'avoine à la pomme

(pour 2 personnes)

Flocons d'avoine :
1/4 l d'eau
80 ml de jus de pomme
65 g de flocons d'avoine à l'ancienne

Garniture :
1/2 pomme coupée en dés
1 pincée de cannelle moulue
1 pincée de muscade moulue
1 cuil. à café de miel

Mélanger les ingrédients de la garniture dans un plat. Cuire à pleine puissance 2 minutes, en remuant une fois. Laisser reposer couvert.

Mélanger l'eau, le jus de pomme et les flocons d'avoine dans un récipient. Cuire à pleine puissance 3 à 4 minutes jusqu'à la consistance désirée. Recouvrir de pommes cuites et servir.

Quiche aux épinards

280 g d'épinards en purée surgelés
1 petit oignon finement haché
240 ml de substitut d'œuf (ou 4 œufs)
100 g de ricotta allégée
4 champignons de Paris moyens, coupés en fines lamelles
1 pincée de poivre noir
2 cuil. à soupe de farine
1 pincée de paprika

Mélanger les épinards et l'oignon dans un plat. Couvrir et cuire à pleine puissance 3 minutes. Mélanger et cuire 3 minutes. Bien égoutter en versant dans une passoire et en pressant à l'aide d'une cuillère.

Dans un récipient, battre le substitut d'œuf. Incorporer le fromage, les champignons, le poivre, la muscade et la farine. Y ajouter les épinards et l'oignon. Étaler la préparation dans un moule à tarte de 25 cm de diamètre (adapté au micro-ondes). Saupoudrer de paprika.

Cuire à 70 % de la puissance 6 minutes, en tournant le moule toutes les 2 minutes. Réduire la puissance et cuire 5 à 10 minutes supplémentaires jusqu'à ce que le centre soit cuit. Laisser reposer 3 minutes.

Crêpes mexicaines aux œufs brouillés

240 ml de substitut d'œuf (ou 4 œufs)

30 g d'oignon vert haché

1/2 poivron vert haché

1 petite tomate épépinée et coupée en petits morceaux

1 pincée de basilic déshydraté

1 pincée de poivre

4 galettes de blé ou maïs (tortillas)

25 g de cheddar ou gruyère râpé

Dans un récipient plat, mélanger l'œuf, l'oignon, le poivron, la tomate et les épices. Cuire à 70 % de la puissance 5 à 7 minutes en remuant deux fois, jusqu'à ce que les œufs soient pris, mais pas trop.

Pitta fourrée

4 tranches de bacon de dinde
240 ml de substitut d'œuf (ou 4 œufs)
1 petite courgette coupée en petits morceaux
30 g d'oignon vert haché
25 g de cheddar ou gruyère râpé
1/2 cuil. à café d'ail en poudre
1 pincée de poivre noir
2 pittas

Disposer le bacon de dinde sur une assiette recouverte de deux couches de papier absorbant. Couvrir d'un autre papier absorbant. Cuire à pleine puissance 3 à 3 minutes 1/2 jusqu'à ce que le bacon soit suffisamment craquant. Couper en petits morceaux.

Mélanger le bacon au reste des ingrédients, sauf les pains, dans un plat de 2 litres. Cuire à 70 % de la puissance 5 à 7 minutes, en remuant toutes les minutes, jusqu'à ce que les œufs soient pris, mais pas trop.

Envelopper les pittas de papier absorbant. Cuire à pleine puissance 45 secondes. Les couper en deux et les fourrer du mélange aux œufs.

Sandwiches et Repas Légers

Pittas à la dinde

Sandwich :
4 pittas (18 cm de diamètre)
Quelques feuilles de salade Trévise, lavées
250 g de dinde ou poulet cuit, coupé en lamelles

Sauce au yaourt et à la moutarde :
1 yaourt nature sans matières grasses
2 cuil. à soupe de moutarde de Dijon
1 tomate moyenne coupée en petits morceaux
1/4 de gousse d'ail haché
1 pincée de poivre
1 pincée d'aneth

Mélanger les ingrédients de la sauce dans un petit récipient. Couvrir et cuire à 30 % de la puissance 2 minutes, en remuant deux fois. Disposer les pittas entre deux papiers absorbants. Cuire à pleine puissance 1 minute. Couper les pittas en deux et les fourrer de dinde, laitue et sauce.

Tartines végétariennes

1/2 avocat mûr
1 cuil. à soupe d'eau
1 filet de citron
4 tranches de pain complet grillées
1/2 cuil. à café d'oignon en poudre
8 fines tranches de tomate
1 tasse de germes de luzerne
1 petit concombre coupé en fines tranches
50 g de gruyère râpé allégé

Dans un petit récipient, mélanger l'avocat, l'eau et le citron. Étaler ce mélange sur chaque tranche de pain. Saupoudrer d'oignon en poudre et recouvrir de tranches de tomate, puis de luzerne, concombre et fromage.

Disposer dans une assiette recouverte de papier absorbant et cuire à puissance moyenne 2 minutes pour faire fondre le fromage.

Sandwich à la dinde

> 2 cuil. à soupe de mayonnaise allégée
> 1 cuil. à café de moutarde de Dijon
> 4 tranches de pain complet, grillé
> 4 tranches fines d'oignon rouge
> 4 tranches de 30 g de dinde
> 1 tasse de germes de luzerne
> 4 tranches de 20 g de gruyère, coupées en longues bandes

Dans un bol, mélanger la mayonnaise et la moutarde. Étaler ce mélange sur les tranches de pain. Les recouvrir d'oignon, de dinde et de fromage.

Disposer les tranches sur une assiette plate recouverte de papier absorbant. Cuire à puissance moyenne 2 minutes jusqu'à ce que le fromage fonde.

Tacos au tofu et haricots secs

> 2 cuil. à café d'eau
> 1 petit oignon, finement émincé en anneaux séparés
> 1 petit poivron vert coupé en fines lamelles
> 1 livre de tofu ferme, émietté
> 200 g de haricots secs cuits
> 1 cuil. à café de chili en poudre
> 1 cuil. à café de cumin
> 3 cuil. à soupe de sauce barbecue
> 8 galettes de maïs (tortillas)
> 1 tomate moyenne coupée en petits morceaux

Mélanger l'eau, l'oignon et le poivre. Couvrir et cuire à pleine puissance 3 à 4 minutes. Incorporer le tofu, les épices, les haricots et la sauce barbecue. Couvrir et cuire à pleine puissance 2 à 3 minutes pour réchauffer le tout.

Envelopper les tortillas dans du papier absorbant humidifié et passer au micro-ondes à pleine puissance 45 secondes pour les amollir.

Fourrer les tortillas avec le mélange. Garnir de tomate. Les rouler et servir.

Champignons sautés aux olives

4 pains à hamburger (complets) coupés en deux
1 cuil. à soupe d'huile d'olive
1 oignon moyen, finement émincé en anneaux séparés
250 g de champignons de Paris émincés
1 filet de citron
1 cuil. à soupe de mayonnaise allégée
1 cuil. à café de moutarde de Dijon
1/2 tasse de germes de luzerne
8 olives grecques dénoyautées

Passer une légère couche d'huile à l'intérieur des pains. Disposer les pains côté huilé dessous dans une grande poêle et faire griller à feu doux. En même temps, mettre le reste de l'huile et l'oignon dans un plat de 2,5 litres. Couvrir et cuire à pleine puissance 3 minutes. Ajouter les champignons, recouvrir et cuire à pleine puissance 4 à 5 minutes jusqu'à ce que les légumes soient tendres. Incorporer le jus de citron, la mayonnaise et la moutarde. Tartiner les pains grillés de cette préparation. Garnir de germes de luzerne et d'olives.

Burritos au riz et haricots secs

180 ml d'eau
150 g de riz complet instantané
180 g de haricots mexicains sautés ("refried beans")
150 g de salsa (sauce mexicaine piquante)
50 g de cheddar râpé allégé (ou mimolette)
4 grandes galettes de maïs (tortillas)

Mélanger l'eau et le riz dans un plat de 2 litres. Couvrir et cuire à pleine puissance 6 minutes. Laisser reposer. Dans un petit récipient, verser les haricots et former une cavité au centre. Couvrir et cuire à pleine puissance 1 à 2 minutes pour les réchauffer. Mélanger. Envelopper les tortillas dans du papier absorbant légèrement humidifié et passer au micro-ondes à pleine puissance 45 secondes pour les amollir. Étaler les haricots, riz, sauce et fromage sur chaque tortilla. Les rouler et les disposer rebord dessous dans un plat sans les faire toucher. Cuire à pleine puissance 1 minute.

Burritos aux légumes vapeur

2 cuil. à café d'huile d'olive
1 petite courgette coupée en petits morceaux
1 petit oignon haché
100 g de fleurs de brocoli
100 g de fleurs de chou-fleur
1 pincée de poivre
4 galettes de blé (tortillas)

Mélanger l'huile, les légumes et les épices dans un plat de 2 litres. Couvrir et cuire à pleine puissance 6 à 7 minutes jusqu'à ce que les légumes soient tendres. Égoutter. Laisser reposer.

Envelopper les tortillas dans du papier absorbant légèrement humidifié et les passer au micro-ondes à pleine puissance 45 secondes pour les amollir. Mettre les légumes au centre de chaque tortilla et les rouler.

Burrito aux champignons

4 galettes de blé (tortillas)
1 petit oignon haché
250 g de champignons de Paris émincés
1 cuil. à café d'huile d'olive
1 petit bol de riz complet cuit
1 pincée d'ail déshydraté (facultatif)
1 pincée de poivre

Envelopper les tortillas dans du papier absorbant légèrement humidifié et passer au micro-ondes à pleine puissance 45 secondes pour les amollir. Les laisser enveloppées. Mettre l'oignon, les champignons et l'huile dans un plat de 2 litres. Couvrir et cuire à pleine puissance 2 minutes 1/2 à 3 minutes. Ajouter le riz à la préparation et cuire 2 minutes supplémentaires.

Étaler la préparation sur les tortillas. Saupoudrer d'ail et de poivre et rouler. Disposer les tortillas dans un plat, rebord dessous, sans les faire toucher. Cuire à pleine puissance 1 minute.

Burritos à la dinde et à l'avocat

4 galettes de blé (tortillas)
250 g de dinde cuite, coupée en petits morceaux
1 avocat mûr coupé en petites tranches
50 g de gruyère râpé allégé
150 g de salsa (sauce mexicaine piquante)

Envelopper les tortillas dans du papier absorbant légèrement humidifié et passer au micro-ondes à pleine puissance 45 secondes pour les amollir. Disposer la dinde, l'avocat, le fromage et la salsa sur chaque tortilla et rouler. Les placer rebord dessous dans un plat sans les faire toucher. Couvrir de papier sulfurisé et cuire à pleine puissance 2 à 3 minutes.

Pittas au poulet

25 g de ricotta allégée

3 cuil. à soupe d'oignon finement haché

40 g de céleri haché

40 g de carotte râpée

1 pincée d'ail déshydraté

175 g de poulet cuit haché

2 pittas coupées en deux dans le sens de la largeur

Quelques feuilles de romaine coupées en morceaux

1/2 tomate épépinée et coupée en petits morceaux

1 pincée de poivre

Dans un plat à cuire, mélanger le fromage, l'oignon, le céleri, la carotte, l'ail et le poulet. Cuire à pleine puissance 2 à 4 minutes pour réchauffer, en remuant deux fois.

Disposer les feuilles de salade dans les moitiés de pitta. Verser la préparation au poulet. Disposer les sandwiches sur une grande assiette recouverte de deux couches de papier absorbant. Cuire à puissance moyenne 1 minute 1/2. Ouvrir légèrement les sandwiches, ajouter la tomate et saupoudrer de poivre.

Bouchées au poulet

2 blancs de poulet coupés en dés de 5 cm.

150 g de chapelure

Sauce barbecue ou sauce tomate

Recouvrir une assiette de deux couches de papier absorbant. Rincer le poulet sans le sécher.

Mettre la chapelure dans un sac en plastique. Y verser les dés de poulet, pas trop à la fois. Secouer le sac. Disposer le poulet sur l'assiette. Cuire à pleine puissance 3 minutes. Réarranger la disposition en mettant les morceaux du bord à l'intérieur. Cuire à pleine puissance 3 à 4 minutes. Servir avec de la sauce.

Mini pizzas

2 ou 3 muffins anglais
250 g de bifteck haché maigre
1/2 petit oignon coupé en petits morceaux
1/4 de poivron vert coupé en petits morceaux
150 ml de sauce tomate sans sel
35 g de parmesan râpé
6 olives dénoyautées émincées

Dans une passoire en plastique adaptée au micro-ondes, mélanger le bifteck, l'oignon et le poivron. Mettre la passoire au-dessus d'un récipient et cuire à pleine puissance 3 à 4 minutes jusqu'à ce que la viande soit cuite, en remuant deux fois pour éviter les grumeaux. Couper les muffins en deux et les disposer côté coupé dessus sur une assiette recouverte de deux couches de papier absorbant. Sur chaque muffin, verser le mélange de viande cuite, la sauce tomate, le parmesan et les olives. Cuire à pleine puissance 2 à 2 minutes 1/2 jusqu'à ce que le fromage soit fondu.

Sandwiches à l'italienne

250 g de bifteck haché maigre
1/2 poivron vert coupé en petits morceaux
1/2 petit oignon haché
220 ml de sauce tomate aux champignons
4 pains à hot dog (complets) coupés en deux
4 tranches de gruyère allégé, coupées en deux

Mélanger le bifteck et l'oignon dans une passoire adaptée au micro-ondes. Mettre la passoire au-dessus d'un récipient et cuire à pleine puissance 3 à 4 minutes en remuant deux fois pour éviter les grumeaux. Dans un récipient, mélanger la préparation à la viande avec la sauce tomate. Couvrir et cuire à pleine puissance 2 à 3 minutes.

Ouvrir les pains et ôter une partie de la mie pour former une cavité. Placer les pains, cavité dessus, sur une assiette recouverte de deux couches de papier absorbant. Remplir avec la préparation. Recouvrir de fromage. Cuire à puissance moyenne 2 à 3 minutes.

Sandwiches florentins aux épinards

> 250 g d'épinards hachés surgelés
> 100 g de ricotta allégée
> 1 pincée de poivre
> 2 muffins anglais, coupés en deux et grillés
> 4 tranches très fines de tomate
> 4 filets d'anchois passés dans du papier absorbant

Cuire à pleine puissance 6 minutes les épinards surgelés dans une casserole, en remuant en milieu de cuisson. Bien égoutter en les pressant dans une passoire.

Dans un plat, mélanger les épinards, le fromage et le poivre. Faire chauffer à 70 % de la puissance 2 minutes. Étaler la préparation sur les muffins. Recouvrir de tomate et anchois.

Hamburgers

> 350 g d'aloyau maigre haché
> 1 oignon moyen haché
> 1/2 poivron vert coupé en petits morceaux
> 1 boîte (250 g env.) de tomates entières, hachées dans leur jus
> 2 gros champignons de Paris émincés
> 1 cuil. à café de sauce Worcestershire
> 1 pincée de basilic déshydraté
> 2 pains à hamburger (complets) coupés en deux
> 25 g de cheddar râpé (ou mimolette)

Mélanger la viande, l'oignon et le poivron dans une passoire en plastique. Placer la passoire au-dessus d'un récipient et cuire à pleine puissance 3 à 5 minutes jusqu'à ce que la viande soit cuite, en remuant deux fois en cours de cuisson.

Dans un récipient, mélanger la préparation à la viande, les tomates, les champignons, la sauce Worcestershire et le basilic. Cuire à pleine puissance 3 à 4 minutes.

Verser la préparation sur les moitiés de pain. Recouvrir de fromage. Servir.

Galettes aux deux fromages

50 g de mozzarelle allégée râpée
50 g de cheddar allégé râpé
4 galettes de maïs (tortillas)
2 cuil. à soupe de salsa (sauce mexicaine piquante)

Mélanger les fromages. Disposer une tortilla sur du papier absorbant et la couvrir d'1/4 de fromage et de 1/2 cuil. à soupe de salsa. Cuire à puissance moyenne 1 minute jusqu'à ce que le fromage soit fondu. Plier en deux et répéter pour les 3 autres tortillas.

Sandwiches au bacon de dinde

(pour 2 personnes)

6 tranches de bacon de dinde
6 feuilles de laitue fraîche
1/2 tasse de germes de luzerne
2 tranches épaisses de tomate
1/2 concombre coupé en rondelles épaisses
4 cuil. à soupe de mayonnaise allégée
1 pincée de poivre
4 tranches de pain de mie complet grillées

Disposer le bacon de dinde sur une assiette en carton, couvrir de papier sulfurisé et cuire à pleine puissance 3 minutes 1/2 à 4 minutes.

Pendant ce temps, préparer les sandwiches. Tartiner de mayonnaise chaque tranche de pain. Saupoudrer de poivre. Sur l'une des deux tranches du sandwich, superposer le concombre, les germes, le bacon de dinde et la tomate. Couvrir avec la tranche restante.

Pittas végétariennes

1 courgette moyenne coupées en fins bâtonnets de 6 cm de long

1/2 gros poivron rouge coupé en fins bâtonnets de 6 cm de long

1/2 carotte moyenne coupée en fins bâtonnets de 6 cm de long

1/8 de tête de choux, finement haché

1 pincée d'ail déshydraté

4 pittas

Assaisonnement :

1 yaourt nature sans matières grasses

1/2 cuil. à café d'aneth déshydratée

1/8 de concombre coupé en petits morceaux

1 pincée de poivre

Dans un petit récipient, mélanger les ingrédients pour l'assaisonnement. Mettre de côté.

Dans un plat, disposer les légumes et saupoudrer d'ail. Couvrir et cuire à pleine puissance 4 à 6 minutes jusqu'à ce que les légumes soient juste tendres, en remuant une fois. Égoutter.

Envelopper les pittas dans du papier absorbant et passer au micro-ondes à pleine puissance 1 minute pour les réchauffer. Les inciser et les remplir de légumes et d'assaisonnement.

Sandwiches au fromage et à la dinde

Cette recette constituera un délicieux brunch.

2 tomates moyennes coupées en tranches dans la diagonale
1 concombre coupé en rondelles épaisses
2 muffins anglais, coupés en deux et grillés
50 g de cheddar râpé allégé
1 pincée de piment jalapeño (facultatif)
6 olives mûres coupées en petits morceaux
220 g de blanc de dinde, coupé en 8 tranches fines

Répartir les tranches de tomate et de concombre dans 4 assiettes. Faire légèrement griller les muffins. Pendant ce temps, râper le fromage et couper les olives. Disposer les tranches de dinde en rond autour d'une grande assiette. Couvrir de papier sulfurisé et réchauffer à pleine puissance 2 à 4 minutes.

Répartir les tranches de dinde dans les assiettes. Couvrir de fromage les moitiés de muffin, les disposer sur une assiette recouverte de papier absorbant et cuire à pleine puissance 1 minute jusqu'à ce que le fromage soit fondu. Garnir de piment et d'olives.

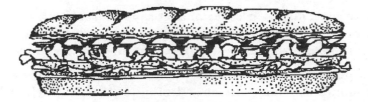

Sandwiches au thon

(pour 8 personnes)

1/2 petit poivron vert coupé en petits morceaux
1/2 petit oignon haché
1 boîte de 200 g de thon blanc, égoutté
240 ml de substitut d'œuf (ou 4 œufs)
1 pincée d'ail déshydraté
1 pincée de persil
4 muffins anglais, coupés en deux et grillés
2 cuil. à soupe de piment doux haché
2 cuil. à soupe d'oignon vert haché

Mélanger le poivron et l'oignon dans un plat. Couvrir et cuire à pleine puissance 1 minute. Ajouter le thon, le substitut d'œuf, l'ail et le persil. Cuire à puissance moyenne 7 à 9 minutes en remuant toutes les 2 minutes. Verser la préparation sur les muffins chauds et garnir de piment et d'oignon vert.

Soupes

Soupe de crevettes aux haricots rouges et au riz

1 cuil. à café d'huile végétale
2 oignons hachés
40 g de céleri haché
2 gousses d'ail hachées
200 g de riz complet
300 ml d'eau
1/2 l de bouillon de volaille
1 boîte (400 g env.) de tomates concassées
1 cuil. à café de chili
1/2 cuil. à café de cumin
320 g de crevettes fraîches ou surgelées
1 boîte (400 g env.) de haricots rouges égouttés
1 cuil. à soupe de jus de citron

Mélanger l'huile, l'oignon, le céleri et l'ail dans un plat. Cuire à pleine puissance 2 à 3 minutes jusqu'à ce que l'oignon et le céleri soient juste tendres.

Ajouter le riz, le bouillon, les tomates et les épices. Bien mélanger. Couvrir et cuire à pleine puissance 12 à 15 minutes jusqu'à ce que le riz soit prêt.

Ajouter les crevettes, les haricots rouges et le citron. Couvrir et cuire à pleine puissance 3 à 5 minutes jusqu'à ce que les crevettes soient cuites. Laisser reposer 5 minutes.

Minestrone

1 gros oignon haché
2 gousses d'ail hachées
2 petites courges (ou 1 morceau de potiron) coupées en tranches
1 branche de céleri coupée en petits morceaux
600 ml de bouillon de volaille
1 boîte (800 g env.) de tomates concassées
100 g de riz complet

1 boîte (420 g env.) de haricots blancs
280 g d'épinards hachés surgelés
1 pincée de basilic déshydraté
1 pincée de persil déshydraté
1 pincée d'origan déshydraté
35 g de parmesan râpé

Dans un grand plat, mélanger l'oignon, l'ail et la courge. Couvrir et cuire à pleine puissance 3 à 4 minutes jusqu'à ce que les légumes soient juste tendres.

Ajouter le reste des ingrédients sauf le fromage. Couvrir et cuire à pleine puissance 10 minutes. Réduire à puissance moyenne et cuire 15 à 20 minutes. Verser dans les assiettes à soupe et saupoudrer de parmesan.

Soupe au poulet et aux légumes

1,5 litre de bouillon de poulet
500 g de blanc de poulet
3 carottes coupées en rondelles
1 oignon moyen haché
140 g de petits pois surgelés
100 g de riz complet
220 g de champignons de Paris frais émincés
1/2 cuil. à café d'ail déshydraté
1 cuil. à café de persil déshydraté
1 pincée de poivre

Mélanger le bouillon, le poulet, les carottes et l'oignon dans un plat de 3 litres. Couvrir et cuire à pleine puissance 15 à 20 minutes jusqu'à ce que le poulet soit tendre.

Enlever le poulet, le couper en morceaux et le remettre dans la soupe. Ajouter les petits pois, le riz, les champignons et les herbes aromatiques. Mélanger, couvrir et cuire à pleine puissance 9 à 12 minutes jusqu'à ce que le riz soit prêt. Laisser reposer 5 minutes avant de servir.

Soupe à la dinde et aux vermicelles

60 ml de vin blanc

2 carottes coupées en rondelles

1 petite aubergine pelée et coupée en petits morceaux

1 oignon moyen haché

220 g de champignons de Paris frais émincés

3 grosses gousses d'ail hachées

1,5 litre de bouillon de volaille

1 boîte (420 g env.) de tomates cuites dans leur jus

2 cuil. à soupe de persil frais

250 g de dinde cuite, coupée en petits morceaux

100 g de vermicelles

Mélanger le vin, les carottes, l'aubergine, l'oignon, les champignons et l'ail dans un plat de 3 litres. Couvrir et cuire 8 à 10 minutes jusqu'à ce que les légumes soient tendres, en remuant deux fois. Ajouter le bouillon, les tomates et le persil. Couvrir et cuire à pleine puissance 20 à 25 minutes, en remuant deux fois. Ajouter la dinde et les vermicelles. Couvrir et cuire à pleine puissance 4 à 6 minutes jusqu'à ce que les vermicelles au centre soient cuits. Laisser reposer 5 minutes.

Soupe à l'oignon

2 oignons moyens, coupés en tranches et séparés en anneaux

30 g d'oignon haché

1 cuil. à soupe d'huile d'olive

2/3 l d'eau chaude

1 cuil. à café de sauce Worcestershire

1 tablette de bouillon de bœuf

1 pincée de poivre

12 crackers complets (sans matières grasses)

80 g de mozzarelle allégée

Mélanger l'huile et les oignons dans un plat de 2 litres. Couvrir et cuire à pleine puissance 6 à 8 minutes, en remuant deux fois. Ajouter l'eau, la sauce Worcestershire, le bouillon et le poivre. Couvrir et cuire à pleine puissance 6 à 8 minutes, jusqu'à ébullition. Réduire à puissance moyenne et cuire 6 minutes de plus. Répartir la soupe dans 4 bols individuels adaptés au micro-ondes. Garnir de crackers et de fromage. Cuire à pleine puissance 1 à 2 minutes jusqu'à ce que le fromage fonde.

Soupe de légumes aux boulettes de viande

1 gros oignon haché

2 carottes coupées en fines rondelles

2 branches de céleri, coupées en petits morceaux

3 petites pommes de terre Rosa coupées en tranches

3 gousses d'ail hachées

1 litre de bouillon de volaille (faible teneur en sodium)

500 g de tomates concassées dans leur jus

1 pincée de basilic

1 pincée de poivre

120 g de champignons de Paris frais émincés

100 g de petits macaronis

500 g de boulettes de viande (voir recette p. 161)

Mélanger l'oignon, les carottes, le céleri, les pommes de terre, l'ail et 4 cuil. à soupe de bouillon dans un plat de 3 litres. Couvrir et cuire à pleine puissance 10 à 12 minutes jusqu'à ce que les légumes soient juste tendres. Ajouter le reste du bouillon, les tomates, le basilic et le poivre. Bien mélanger. Couvrir et cuire à pleine puissance 8 minutes. Incorporer les champignons, les boulettes de viande et les macaronis. Couvrir et cuire à pleine puissance 5 à 7 minutes jusqu'à ce que les macaronis et champignons soient prêts.

Soupe au chou et au riz

(pour 6 personnes)

> 4 tranches de bacon de dinde coupées en petits morceaux
> 1 chou moyen haché
> 1 oignon moyen émincé en anneaux
> 1 tablette de bouillon de volaille
> 1 pincée d'aneth
> 1 pincée de poivre
> 50 g de riz complet
> 1,2 litre d'eau chaude

Placer le bacon de dinde dans un plat de 3 litres. Couvrir et cuire à pleine puissance 2 à 3 minutes. Ajouter le chou, l'oignon, les condiments et 1/2 litre d'eau chaude. Couvrir et cuire à pleine puissance 10 minutes. Incorporer le riz et le reste de l'eau. Couvrir et cuire à pleine puissance 8 à 10 minutes.

Soupe de pois cassés

(pour 6 personnes)

> 1 tranches de bacon de dinde coupées en petits morceaux
> 220 g de pois cassés secs
> 1 oignon moyen finement haché
> 1,2 litre de bouillon de volaille
> 1 pincée d'ail déshydraté
> 1 pincée d'origan
> 1 pincée de poivre
> 1 feuille de laurier
> 150 g de carottes coupées en fines rondelles
> 60 g de céleri haché

Dans un plat de 4 litres, mettre le bacon de dinde. Cuire à pleine puissance 2 à 3 minutes. Ajouter le reste des ingrédients. Couvrir et cuire à pleine puissance 15 minutes. Mélanger, couvrir de nouveau. Cuire à 30 % de la puissance et laisser mijoter 50 à 60 minutes jusqu'à ce que les pois soient tendres, en remuant de temps en temps.

Soupe de miso au tofu

1 litre d'eau

2 paquets de soupe de Miso instantanée

1 tasse de tofu ferme, coupé en dés

3 branches de céleri émincées

2 oignons verts émincés

1 pincée de gingembre moulu

Verser l'eau dans un plat de 2 litres. Couvrir et cuire à pleine puissance 4 à 5 minutes jusqu'à ébullition. Ajouter la soupe au miso, le tofu, le céleri, l'oignon et le gingembre. Couvrir et cuire à pleine puissance 5 minutes jusqu'à ce que les légumes soient juste tendres.

Soupe de légumes au bifteck haché

220 g de bifteck haché maigre

1 grosse pomme de terre, pelée et coupée en dés

200 g de maïs en grains surgelé

1 courgette moyenne, coupée en deux et émincée

150 g de petits pois surgelés

1 oignon moyen haché

600 g de tomates écrasées dans leur jus

2 cuil. à café de basilic

1 pincée de sel de céleri

1 cuil. à café d'aneth

100 g de champignons de Paris émincés

Mettre le bifteck dans une passoire en plastique et poser la passoire au-dessus d'un récipient. Cuire à pleine puissance 4 à 6 minutes jusqu'à ce que la viande ne soit plus rose, en remuant deux fois pour éviter les grumeaux. Laisser reposer.

Dans un plat de 3 litres, mélanger la pomme de terre, le maïs, la courgette, les petits pois, l'oignon et 4 cuil. à soupe de tomate au jus. Couvrir et cuire à pleine puissance 10 à 12 minutes. Verser le reste des tomates, les aromates, le bifteck et les champignons. Couvrir et cuire à pleine puissance 5 à 6 minutes, puis réduire à 30 % de la puissance et laisser mijoter 15 minutes.

Potage de clams Nouvelle Angleterre

4 tranches de bacon de dinde coupées en petits morceaux

2 grosses pommes de terre Rosa, coupées en petits morceaux

1 grosse carotte coupée en fines rondelles

2 cuil. à soupe d'eau

1 pincée de cayenne

1 pincée de thym

3/4 litre de lait écrémé

1 boîte de 200 g de clams hachés dans leur jus

Disposer le bacon de dinde dans un plat de 3 litres. Cuire à pleine puissance 2 à 3 minutes. Ôter la graisse. Laisser le bacon de côté.

Dans le même plat, ajouter les pommes de terre, la carotte, l'eau et l'oignon. Couvrir et cuire à pleine puissance 8 à 10 minutes, jusqu'à ce que les pommes de terre soient tendres, en remuant une fois.

Incorporer la farine, le poivre, le thym, le lait et les clams avec leur jus. Couvrir et cuire à pleine puissance 4 à 6 minutes jusqu'à ce que le potage épaississe légèrement, en remuant toutes les minutes.

Soupe aux champignons

500 g de champignons de Paris, émincés
60 g d'oignon vert haché
3/4 litre de lait écrémé
1/2 cuil. à café de sauce Worcestershire
1 pincée de poivre
1 pincée de thym
2 cuil. à soupe de persil

Dans un plat de 2 litres, mélanger les champignons et l'oignon. Couvrir et cuire à pleine puissance 3 minutes, en remuant une fois. Ajouter le lait, la sauce Worcestershire, les épices et aromates. Bien mélanger. Couvrir et cuire à pleine puissance 4 à 6 minutes, en remuant une fois.

Soupe orientale aux champignons

1 litre d'eau chaude
2 tablettes de bouillon de volaille
2 cuil. à café de sauce au soja (faible teneur en sel)
30 g d'oignon vert haché
20 g de céleri haché
80 g de champignons de Paris frais émincés
1 boîte de 220 g de liserons d'eau émincés

Dans un plat de 2 litres, mélanger l'eau, le bouillon, la sauce au soja, l'oignon et le céleri. Couvrir et cuire à pleine puissance 4 à 5 minutes jusqu'à ce que le céleri soit juste tendre, en remuant un fois. Ajouter les champignons et les liserons d'eau. Couvrir et cuire à pleine puissance 3 à 5 minutes.

Soupe à l'œuf

1/2 litre d'eau chaude
1/3 litre de bouillon de volaille
3 cuil. à café de sauce au soja (faible teneur en sel)
4 cuil. à soupe d'oignon vert haché
4 cuil. à soupe de chou émincé
60 ml de substitut d'œuf (ou un œuf) légèrement battu

Dans un plat de 2 litres, mélanger l'eau, le bouillon, la sauce au soja, l'oignon et le chou. Cuire à pleine puissance 8 à 12 minutes jusqu'à ébullition. Verser l'œuf en spirale sur le bouillon. Laisser prendre et servir immédiatement.

Soupe froide de patates douces et carottes

1 gousse d'ail haché
1 oignon moyen haché
80 ml de jus d'orange
250 g de carottes coupées en rondelles épaisses (1,5 cm)
1 tasse de patates douces grossièrement hachées
1 yaourt nature sans matières grasses
1/2 litre de bouillon de volaille
1 pincée de muscade moulue
1 pincée de cayenne
1 pincée de poivre
Persil frais haché pour la garniture

Dans un plat de 2,5 litres, mélanger l'ail, l'oignon, le jus d'orange, les carottes et les patates douces. Couvrir et cuire à pleine puissance 6 à 8 minutes, en remuant une fois.

Passer les 3/4 du yaourt et les légumes cuits au mixer. Remettre la préparation obtenue dans le plat et incorporer le reste des ingrédients, sauf le persil. Laisser refroidir au réfrigérateur au moins 1 heure. Répartir dans 4 bols et les garnir chacun d'une cuil. à café de yaourt et de persil.

Gazpacho à l'avocat

2 tomates moyennes, coupées en dés
1 litre de jus de tomate (faible teneur en sel)
30 g d'oignon vert coupé en dés
1 concombre coupé en dés
2 gousses d'ail hachées
1 piment jalapeño haché
2 cuil. à soupe de vinaigre de cidre
1 cuil. à soupe de jus de citron vert
1/2 gros avocat bien mûr, coupé en fines tranches

Mettre tous les ingrédients sauf l'avocat dans un plat de 2 litres. Bien mélanger et mettre au réfrigérateur pendant 1 heure. Avant de servir, garnir d'avocat.

Soupe de chou-fleur

1 cuil. à soupe d'huile d'olive
1 oignon moyen haché
1 gousse d'ail hachée
1 gros chou-fleur haché
1 cuil. à café de basilic
2 tablettes de bouillon de volaille
1/2 cuil. à café de thym
1/2 cuil. à café de carry en poudre
1 pincée de poivre
1 pincée de muscade moulue
1 litre d'eau

Mélanger l'huile, l'oignon, l'ail et le chou-fleur dans un grand plat à cuire. Couvrir et cuire à pleine puissance 8 à 12 minutes jusqu'à ce que les légumes soient tendres. Passer les légumes au mixer. Les remettre dans le plat et ajouter les condiments et l'eau. Bien mélanger. Couvrir et cuire à pleine puissance 4 à 6 minutes en remuant deux fois en cours de cuisson.

Soupe à la citrouille

1 cuil. à café d'huile d'olive
100 g d'oignon haché
40 g de céleri coupé en dés
1 boîte de 500 g de purée de citrouille
3/4 de litre de bouillon de volaille
2 cuil. à café de poudre de carry
1 pincée de poivre au citron
1 cuil. à soupe d'oignon vert finement haché, pour la garniture

Mettre l'huile, le céleri et l'ail dans un plat de 3 litres. Couvrir et cuire à pleine puissance 3 à 4 minutes jusqu'à ce que les légumes soient tendres, en remuant une fois.

Ajouter le reste des ingrédients sauf l'oignon vert. Cuire à pleine puissance 6 à 9 minutes, en remuant deux fois. Garnir d'oignon vert.

Soupe de crème de pommes de terre

(pour 8 personnes)

4 tranches de bacon de dinde
2 grosses pommes de terre coupées en dés
160 g de céleri haché
1 oignon moyen haché
2 cuil. à café d'huile d'olive
2 cuil. à soupe de farine
1/2 litre d'eau bouillante
3/4 litre de lait écrémé
2 tablettes de bouillon de volaille
1 pincée de graines de céleri
1 pincée de poivre

Disposer le bacon de dinde sur deux couches de papier absorbant dans le micro-ondes et le recouvrir d'un autre papier absorbant. Cuire à pleine puissance 2 à 3 minutes. Couper en petits morceaux.

Dans un plat de 3 litres, mélanger le bacon de dinde, les pommes de terre, le céleri, l'oignon, l'huile et 120 ml d'eau. Couvrir et cuire à pleine puissance 10 à 15 minutes jusqu'à ce que les légumes soient tendres, en remuant deux fois en cours de cuisson.

Ajouter la farine, mélanger. Verser le reste de l'eau, le lait et les condiments en mélangeant bien. Couvrir de papier sulfurisé et cuire à pleine puissance 7 à 9 minutes sans porter à ébullition, en remuant deux fois.

Bouillon chinois au céleri et au tofu

1 litre d'eau chaude

1/3 litre de bouillon de volaille

3 cuil. à café de sauce au soja

160 g de céleri coupé en petits morceaux

1 tasse de tofu coupé en dés

1 pincée de poivre

Mélanger l'eau, le bouillon, la sauce au soja et le céleri dans un plat de 2 litres. Cuire à pleine puissance 7 à 12 minutes jusqu'à ce que le céleri soit tendre. Ajouter le tofu et le poivre et laisser reposer 5 minutes.

Consommé de poulet aux blettes et vermicelles

1 oignon moyen coupé en anneaux séparés
1 cuil. à soupe d'huile d'olive
2 cuil. à soupe d'eau
1 livre de blettes grossièrement hachées
1,5 litre de bouillon de poulet
120 g de vermicelles courts
1 pincée de poivre

Mettre l'oignon, l'eau et l'huile dans un plat de 3 litres. Couvrir et cuire à pleine puissance 3 à 4 minutes jusqu'à ce que l'oignon soit tendre.

Ajouter les blettes et le bouillon de poulet. Couvrir et cuire à pleine puissance 5 minutes. Réduire à 30 % de la puissance et laisser mijoter 10 à 15 minutes.

Ajouter les vermicelles et aromates. Couvrir et cuire à pleine puissance 3 à 4 minutes jusqu'à ce que les vermicelles soient cuits "al dente".

Soupe au céleri et aux champignons

3/4 litre de bouillon de volaille
1 livre de branches de céleri effeuillées
et coupées en morceaux de 3 cm
1 gros oignon, grossièrement haché
4 champignons de Paris moyens, émincés
1 pincée de poivre

Dans un plat de 3 litres, mélanger 1/4 litre de bouillon avec le céleri et l'oignon. Couvrir et cuire à pleine puissance 10 minutes.

Passer le mélanger au mixer et remettre dans le plat de cuisson. Ajouter le reste du bouillon, les champignons et le poivre. Couvrir et cuire à pleine puissance 3 minutes.

Bouillon aux coquillettes et à la tomate

1 cuil. à café d'huile d'olive

1 grosse gousse d'ail hachée

30 g d'oignon haché

1 boîte (420 g env.) de tomates cuites

420 ml de bouillon de poulet

50 g de petits pois surgelés

100 g de pâtes (coquillettes)

Dans un plat de 2,5 litres, mélanger l'huile, l'ail et l'oignon. Couvrir et cuire à pleine puissance 2 minutes. Ajouter le reste des ingrédients sauf les coquillettes. Couvrir et cuire à pleine puissance 7 minutes. Verser les coquillettes. Couvrir et cuire à puissance moyenne 10 minutes.

Soupe de maïs

1 petit oignon haché

2 boîtes (420 g env.) de maïs

1/2 litre de lait écrémé

1 pincée de poivre

Dans un plat de 2,5 litre, cuire l'oignon à pleine puissance 2 minutes. Ajouter le maïs, le lait et le poivre. Couvrir et cuire à pleine puissance 10 minutes, en remuant deux fois en cours de cuisson.

Salades

Salade mexicaine

220 g de dinde hachée
200 g de haricots rouges
1 oignon moyen, grossièrement haché
5 cuil. à soupe de ketchup allégé
1 cuil. à café de chili en poudre
1/2 cuil. à café de cumin moulu
1 pincée de poivre
1 pincée de paprika
1 laitue hachée
2 grosses tomates hachées
2 oignons verts hachés
8 olives noires émincées

Mettre la dinde et l'oignon dans une passoire en plastique, placée au-dessus d'un récipient. Cuire à pleine puissance 3 à 4 minutes, jusqu'à ce que la viande soit cuite, en remuant deux fois. Mettre la préparation dans un plat à cuire, ajouter les haricots, le ketchup et les épices. Bien mélanger. Couvrir et cuire à pleine puissance 2 à 2 minutes 1/2, jusqu'à ce que les haricots soient chauds. Répartir la laitue dans 4 assiettes. Au centre de chacune, disposer 1/4 de la préparation à la dinde et 1/4 des tomates. Garnir d'oignon vert et d'olives.

Salade chaude de courgettes et d'olives sur lit de laitue

2 cuil. à soupe d'huile d'olive
1 oignon moyen, finement émincé en anneaux
1 gousse d'ail hachée
2 tomates moyennes hachées
1 gros poivron vert haché
2 courgettes moyennes coupées en quatre, puis en tranches
2 cuil. à café de vinaigre de vin

1 cuil. à café de sucre

1/2 cuil. à café d'origan en poudre

1 pincée de poivre

2 cuil. à café de câpres (facultatif)

1 quinzaine d'olives grecques dénoyautées et coupées en deux

8 à 12 grandes feuilles de laitue

Dans un plat de 2 litres, mélanger l'huile, l'oignon et l'ail. Couvrir et cuire à pleine puissance 2 à 3 minutes.

Ajouter le reste des ingrédients sauf les câpres, olives et laitue. Couvrir de nouveau et cuire à pleine puissance 10 à 14 minutes jusqu'à ce que les légumes soient tendres, en remuant deux fois.

Ajouter les câpres et les olives. Laisser reposer 1 heure à température ambiante.

Au moment de servir, disposer la laitue dans 4 assiettes et verser le mélange de légumes dessus.

Salade de haricots noirs

420 g de haricots noirs cuits

1/2 petit poivron rouge haché

60 g de céleri haché

1 petit oignon haché

1 filet de citron

1 cuil. à soupe d'huile d'olive

Mélanger tous les ingrédients dans un saladier. Laisser reposer 1 heure à température ambiante.

Salade chaude de maïs

1 cuil. à soupe d'huile d'olive
1 oignon moyen haché
1 gousse d'ail haché
420 g de maïs frais ou surgelé
1 poivron rouge coupé en dés
1 courgette moyenne coupée en dés
1 cuil. à café de vinaigre de vin
1 pincée de basilic déshydraté
1 pincée de poivre
Quelques feuilles de salade mélangée

Dans un plat de 2,5 litres, mélanger l'huile, l'oignon, l'ail, le maïs, le poivron et la courgette. Couvrir et cuire à pleine puissance 4 à 5 minutes, en remuant une fois, jusqu'à ce que les légumes soient juste tendres. Ajouter le reste des ingrédients sauf les feuilles de salade. Bien mélanger et laisser reposer couvert 1 heure. Répartir les feuilles de salade dans 4 assiettes et verser les légumes au centre.

Salade de dinde, pommes de terre et courgettes

60 ml d'eau
2 courgettes moyennes coupées en rondelles
4 pommes de terre nouvelles, coupées en rondelles
250 g de dinde cuite, coupée en morceaux
1 dizaine d'olives mûres, hachées
1 yaourt nature sans matières grasses
30 g de mayonnaise allégée
1 pincée de poivre
1/2 cuil. à café de moutarde déshydratée
1/2 cuil. à café de graines de céleri
1 cuil. à soupe de persil déshydraté
1 pincée de paprika

Dans un plat de 2 litres, mettre l'eau, les courgettes et les pommes de terre. Couvrir et cuire à pleine puissance 10 à 12 minutes jusqu'à ce que les légumes soient tendres. Égoutter. Dans un grand saladier, mélanger les olives, yaourt, mayonnaise et aromates. Ajouter la dinde. Incorporez avec précaution les pommes de terre et les courgettes. Garnir d'une pincée de paprika.

Salade de pâtes au crabe sur lit d'épinards

Pâtes cuites pour 4 personnes

300 g de chair de crabe coupé en petits morceaux

1 filet de citron

1/2 cuil. à café d'aneth déshydratée

60 ml de sauce salade à la crème fraîche, allégée

1 concombre

Quelques feuilles d'épinards frais, pelées et hachées

Mélanger les pâtes, le surimi, le citron, l'aneth et la sauce dans un plat de 2,5 litres. Couvrir et cuire à moyenne puissance 6 à 8 minutes en remuant deux fois en cours de cuisson.

Répartir les feuilles d'épinards dans 4 assiettes. Disposer les rondelles de concombre dessus, puis le mélange au crabe.

Salade verte aux oranges et aux noix

1 petite romaine, lavée et essorée
1 boîte (500 g env.) de quartiers de mandarines, égouttés
50 g de noix grossièrement hachées

Vinaigrette :
5 cuil. à soupe d'huile de noix
2 cuil. à soupe de vinaigre de vin
2 cuil. à soupe de miel
1/2 cuil. à soupe de moutarde de Dijon
1 pincée de poivre

Mélanger la salade, les oranges et les noix dans un grands saladier. Dans un petit récipient, verser l'huile, le miel, la moutarde et le poivre. Cuire à pleine puissance 1 à 1 minute 1/2 jusqu'à ce que le miel soit liquide, sans porter à ébullition. Bien mélanger. Verser sur la salade et mélanger.

Salade de guacamole et carottes

2 avocats mûrs
1 concombre moyen coupé en rondelles
3 cuil. à soupe de jus de citron vert
1,5 cuil. à soupe d'oignon haché
1 pincée de poivre
1 petite salade Trévise, lavée et essorée
4 à 6 carottes, pelées et coupées en bâtonnets de 10 cm

Juste avant de servir, écraser les avocats dans un saladier. Ajouter le concombre, le citron, l'oignon et le poivre. Répartir la salade dans 4 assiettes et déposer au centre une partie du guacamole. Disposer les carottes sur le côté.

Salade méditerranéenne

3 tasses de riz cuit
200 g de haricots verts coupés en deux
1 cuil. à soupe d'huile d'olive
1/2 cuil. à café de basilic déshydraté
1/2 cuil. à café d'origan déshydraté
1 petite laitue
Quelques feuilles d'épinards frais, équeutés
1 vingtaine d'olives

Sauce :
5 cuil. à soupe d'huile d'olive extra-vierge
2 cuil. à soupe de jus de citron
1 petite gousse d'ail hachée
1/2 cuil. à café de miel
1/2 cuil. à café de moutarde de Dijon
1 pincée de sel (facultatif)

Faire cuire le riz de façon traditionnelle, selon les instructions du paquet. Pendant ce temps, mélanger les haricots, l'huile, le basilic et l'origan dans un plat de 2 litres. Couvrir et cuire à pleine puissance 5 à 8 minutes jusqu'à ce que les haricots soient tendres.

Dans un grand saladier, mélanger la laitue, les épinards et les olives avec la sauce. Ajouter le riz et les haricots et bien mélanger.

Tomates séchées à l'huile

4 tomates olives, coupées en deux dans le sens de la longueur
1 pincée de poivre de Cayenne
1 pincée de sel aromatisé à l'ail
4 cuil. à soupe d'huile d'olive

Disposer les tomates sur une grande assiette, sans les faire toucher, et les recouvrir de papier absorbant. Cuire à 30 % de la puissance 15 minutes. Tourner l'assiette d'un demi-tour et cuire encore 15 minutes. Tourner l'assiette d'un quart de tour et laisser cuire 10 à 15 minutes jusqu'à ce que les tomates soient sèches mais pas brûlées. Saupoudrer de cayenne et de sel.

Mettre les tomates dans un petit récipient hermétique et couvrir d'huile. Laisser macérer 8 heures.

Salade de tomates séchées à l'huile

1 petite salade verte
Tomates séchées à l'huile (voir recette ci-dessus)
25 g de noix hachées

Sauce :
3 cuil. à soupe d'huile d'olive extra-vierge
1 cuil. à soupe de jus de citron
1 petite gousse d'ail hachée
1 pincée de sel (facultatif)
1 pincée de poivre

Dans un saladier, battre les ingrédients de la sauce. Ajouter la salade verte, les tomates et les noix. Bien mélanger.

Salade croustillante au poulet

A préparer la veille.

300 g de poulet cuit, coupé en petits morceaux
1/3 de tête de chou, émincée
50 g d'oignon vert haché
1 boîte (90 g env.) de nouilles chow mein
1 boîte de 220 g environ de liserons d'eau
1/2 petit poivron rouge émincé

Sauce :
4 cuil. à soupe d'huile de colza
2 cuil. à soupe de vinaigre de vin de riz
1 cuil. à soupe de miel
2 cuil. à soupe de sauce au soja (faible teneur en sodium)
1 pincée de poivre

Dans un petit récipient, mélanger les ingrédients de la sauce. Dans un grand saladier, mettre les ingrédients de la salade. Verser la sauce sur la salade et tourner. Laisser reposer toute la nuit.

Coleslaw

160 g de chou rouge émincé
160 g de chou vert émincé
1 petit oignon finement haché
2 cuil. à soupe de mayonnaise allégée
1 pincée de sel (facultatif)

Mélanger tous les ingrédients dans un petit saladier, en remuant bien. Laisser reposer 30 minutes avant de servir.

Salade de pommes de terre au haricots verts et bacon

60 ml d'eau
250 g de haricots verts, coupés en 2 ou 3
8 petites pommes de terre nouvelles, coupées en petits cubes
1 cuil. à soupe d'huile d'olive
1 pincée de poivre
1 pincée d'ail déshydraté
4 tranches de bacon de dinde, coupées en petits morceaux
1/2 oignon haché
1 filet de citron
2 cuil. à soupe de vin blanc
2 cuil. à café de sucre

Mettre l'eau, les haricots et les pommes de terre dans un plat à cuire. Couvrir et cuire à pleine puissance 5 à 8 minutes jusqu'à ce que les légumes soient tendres. Arroser d'huile et saupoudrer de poivre et d'ail. Laisser reposer.

Dans un plat de 1,5 litre, mettre le bacon de dinde et les oignons. Couvrir et cuire à pleine puissance 2 à 3 minutes. Ajouter le jus de citron, le sucre et le vin. Couvrir et cuire à pleine puissance 2 à 3 minutes, en remuant une fois. Verser le mélange au bacon sur les pommes de terre et les haricots. Bien mélanger.

Salade chaude de thon et de pâtes

2,5 tasses de petites pâtes (coquillettes)
2 tomates moyennes hachées
40 g de céleri émincé
2 boîtes (200 g env.) de thon égoutté
8 olives noires coupées en tranches
Sauce vinaigrette aux herbes allégée
50 g de fromage de fêta grossièrement émietté

Préparer les pâtes de façon traditionnelle, selon les instructions du paquet. Dans un plat de 2 litres, mélanger les tomates, le céleri, le thon, les olives, la vinaigrette et les pâtes cuites. Bien mélanger. Couvrir et réchauffer à puissance moyenne 4 minutes, en remuant une fois. Garnir de fêta.

Salade de crevettes Cajun

300 g de riz complet

300 ml d'eau

20 g de céleri haché

1/4 d'oignon haché

1 petite gousse d'ail hachée

1 boîte (450 g env.) de tomates concassées

2 cuil. à soupe de concentré de tomate

1 poivron vert épépiné et haché

1 cuil. à café de sauce Worcestershire

1 pincée de cayenne

1 pincée de chili en poudre

200 g de crevettes décortiquées

1 petite laitue

Mélanger l'eau et le riz dans un récipient de 2 litres. Couvrir et cuire à pleine puissance 8 minutes. Laisser reposer.

Dans un plat de 2 litres, mélanger le céleri, l'oignon, l'ail, les tomates, le concentré de tomate, le poivron et les aromates. Couvrir et cuire à pleine puissance 4 à 6 minutes, jusqu'à ce que les légumes soient juste tendres, en remuant deux fois. Ajouter les crevettes, couvrir et cuire à pleine puissance 3 à 4 minutes.

Dans chaque assiette, déposer le riz sur un lit de laitue. Verser la sauce aux crevettes sur le riz.

Salade de pommes de terre paysanne

4 pommes de terre moyennes pelées et coupées en morceaux
150 g de carottes, coupées en petits morceaux
60 ml d'eau
80 g de céleri haché
1/2 petit oignon haché
30 g de mayonnaise allégée
1 cuil. à café de vinaigre
1 pincée de sel
1 pincée de poivre
1/2 cuil. à café de miel
1 oignon vert haché, pour la garniture
6 olives dénoyautées pour la garniture

Mettre l'eau, les pommes de terre et carottes dans un plat de 3 litres. Couvrir et cuire 5 à 7 minutes à pleine puissance en remuant une fois. Egouttter dans une passoire.

Mélanger le reste des ingrédients (sauf garniture) dans un grand saladier. Ajouter les légumes avec précaution. Garnir d'oignon vert et d'olives.

Salade de bacon et brocoli

4 tranches de bacon de dinde coupées en petits morceaux
1 branche de brocoli frais, la fleur coupée en petits morceaux
1/2 petit oignon finement émincé
50 g de noix de pécan grossièrement hachées
75 g de raisins de corinthe

Sauce :
30 g de mayonnaise allégée
1/2 yaourt nature sans matières grasses
2 cuil. à soupe de miel
1 cuil. à café de vinaigre

Mélanger les ingrédients de la sauce dans un petit bol. Laisser de côté. Disposer le bacon dans une assiette. Couvrir de papier absorbant. Cuire à pleine puissance 2 à 3 minutes.

Dans un grand saladier, mélanger le bacon, le brocoli, l'oignon, les noix de pécan, les raisins et la sauce.

Salade de pommes de terre et haricots rouges

3 pommes de terre Rosa moyennes coupées en petits dés

120 ml d'eau

1 boîte (420 g env.) de haricots rouges cuits

40 g de céleri haché

30 g d'oignon haché

1/2 cuil. à café d'ail déshydraté

1 pincée de poivre

3 cuil. à soupe de mayonnaise allégée

Dans un plat de 2 litres, mettre les pommes de terre et l'eau. Couvrir et cuire à pleine puissance 4 à 7 minutes, jusqu'à ce qu'elles soient tendres. Égoutter.

Ajouter les haricots, le céleri, les condiments et la mayonnaise. Mélanger délicatement.

Salade chaude de tomates au parmesan

4 tomates moyennes mûres, coupées en diagonale

2 cuil. à soupe d'huile

1 cuil. à soupe de parmesan râpé

1 pincée de sel aromatisé à l'ail

1 pincée de poivre

Disposer les rondelles de tomates en cercle dans une grande assiette. Arroser d'huile et saupoudrer de fromage, sel et poivre. Couvrir de papier sulfurisé. Réchauffer à pleine puissance 1 minute 1/2 à 3 minutes.

Salade d'hiver à la mozzarelle

100 g de mozzarelle coupée en 4 morceaux
1 cuil. à soupe d'huile d'olive
30 g de noix de pécan finement hachées
1 petite salade Trévise lavée et essorée
Quelques feuilles d'épinard sans tige, lavées et essorées
1 petit oignon finement émincé en anneaux
1 pomme rouge non pelée, épépinée et coupée en tranches

Sauce :
2 cuil. à soupe d'huile d'olive extra-vierge
2 cuil. à soupe de jus de citron
1/2 cuil. à café de moutarde de Dijon
1 pincée d'ail déshydraté
Sel, poivre

Verser l'huile dans une assiette creuse. Mettre les noix de pécan dans une autre assiette creuse. Plonger chaque morceau de fromage d'abord dans l'huile, puis dans les noix. Disposer les morceaux ainsi panés dans une assiette sans les faire toucher.

Battre les ingrédients de la sauce dans un grand saladier. Ajouter la salade, les épinards et les oignons, et bien mélanger.

Répartir la salade dans 4 assiettes et garnir de tranches de pomme. Réchauffer l'assiette de fromage non couverte à puissance moyenne 1 à 2 minutes. A l'aide d'une spatule, garnir chaque assiette de fromage.

Salade de poulet méditerranéenne

180 g de dinde ou poulet cuit, coupé en petits morceaux
1/2 petit poivron rouge éminçé
Quelques olives noires ou vertes coupées en tranches
1 bocal (450 g env.) de cœurs d'artichaut égouttés et émincés
1/8 d'oignon haché
2 cuil. à soupe de mayonnaise allégée
1 cuil. à soupe de vinaigre de vin
1/2 cuil. à café d'origan déshydraté
1 gousse d'ail hachée
1 pincée de poivre

Dans un récipient moyen, mélanger le poulet, le poivron, les olives, les cœurs d'artichaut et l'oignon. Dans un petit bol, battre la mayonnaise, le vinaigre, l'ail et l'origan. Ajouter ce mélange à la préparation au poulet et bien mélanger. Poivrer selon votre goût. Couvrir et réchauffer à puissance moyenne 3 à 4 minutes, en remuant une fois en cours de cuisson.

Servir sur un lit de laitue ou en sandwich.

Salade de poivron rouge et champignons

1 poivron rouge moyen, coupé en bâtonnets de 6 cm de long
250 g de champignons de Paris frais, émincés
1 cuil. à soupe d'huile d'olive
1 filet de citron
1 pincée de sel aromatisé à l'ail
1 pincée de poivre
1 pincée d'origan déshydraté
1 pincée de persil déshydraté

Mélanger les champignons et le poivron dans un saladier. Dans un petit bol, battre le reste des ingrédients. Juste avant de servir, verser la sauce sur les légumes et mélanger délicatement.

Marinade de haricots verts
et champignons aux amandes

1 livre de haricots verts épluchés et coupés en 2 ou 3
240 g de champignons de Paris coupés en 4
30 g d'amandes effilées
8 grandes feuilles de laitue

Marinade :
3 cuil. à soupe d'huile d'olive
1 cuil. à soupe de vinaigre de vin
1 cuil. à café de moutarde de Dijon

Dans un plat de 2 litres, mélanger les ingrédients de la marinade. Ajouter les champignons et cuire à pleine puissance 2 minutes en remuant une fois. Laisser la marinade de côté et mettre les champignons égouttés dans un saladier.

Mettre les haricots dans le même plat avec la marinade. Couvrir et cuire à pleine puissance 3 à 5 minutes jusqu'à ce qu'ils soient juste tendres, en remuant une fois. Remettre les champignons dans la marinade avec les haricots, couvrir et mettre au réfrigérateur 1 heure.

Au moment de servir, disposer la laitue dans le plat de service et verser le mélange aux haricots dessus. Saupoudrer d'amandes et arroser avec le reste de la marinade.

Salade de dinde aux pommes

375 g de dinde cuite coupée en petits morceaux
2 pommes moyennes coupées en petits morceaux
50 g de graines de tournesol
3 cuil. à soupe de persil frais haché
1 petit verre de sauce de salade à la crème fraîche
1 petite salade Trévise

Dans un saladier, mélanger la dinde, les pommes, les graines de tournesol et le persil. Verser la sauce dessus et mélanger. Servir sur un lit de salade.

Salade aux épinards frais et saumon fumé

- 1 livre d'épinards, lavés et tiges enlevées
- 3 cuil. à soupe d'huile d'olive
- 2 cuil. à soupe de jus de citron
- 1 pincée de sel (facultatif)
- 150 g de saumon fumé coupé en fines tranches
- 1 pincée d'aneth déshydratée pour la garniture

Mettre les épinards coupés dans un saladier. Dans un petit bol, battre l'huile, le jus de citron et les condiments et réchauffer 2 minutes à pleine puissance. Verser sur les épinards et mélanger. Répartir les épinards dans 4 assiettes, garnir de saumon et saupoudrer d'aneth.

Salade de thon et doliques

- 1 boîte (200 g env.) de thon égoutté
- 1 yaourt nature sans matières grasses
- 3 cuil. à soupe d'oignon finement haché
- 8 olives mûres, coupées en tranches
- 200 g de doliques (ou haricots noirs)
- 1 pincée de chili en poudre
- Quelques feuilles de salade verte

Dans un saladier, mélanger le thon, le yaourt, l'oignon, les olives, les doliques et le chili. Réchauffer à puissance moyenne 3 à 4 minutes. Au moment de servir, garnir les assiettes de feuilles de salade verte et verser le mélange au thon dessus.

Tomates farcies aux champignons et artichauts

4 tomates moyennes
1 bocal (180 g env.) de cœur d'artichaut, égouttés et émincés
200 g de champignons de Paris frais, grossièrement hachés
1/2 petit oignon haché
25 g de chapelure
25 g de cheddar râpé allégé (ou mimolette)

Découper le haut des tomates en forme d'étoile.

Dans un saladier, mélanger les cœurs d'artichaut, les champignons et l'oignon. Couvrir et cuire à pleine puissance 5 minutes jusqu'à ce que les légumes soient tendres. Ajouter la chapelure.

Disposer les tomates sur les assiettes. Les remplir de mélange aux champignons et saupoudrer de fromage.

Croûtons nature

4 tranches moyennes de pain complet,
sans croûte et coupées en cubes de 2 cm.

Couvrir le bas du four de deux couches de papier absorbant. Disposer les cubes de pain dessus de façon régulière. Cuire sans couvrir à pleine puissance 2 à 3 minutes.

Croûtons à l'ail et au basilic

6 tranches de pain épaisses de 1,5 cm et coupées en morceaux
4 cuil. à soupe d'huile d'olive
2 gousses d'ail finement hachées
1/2 cuil. à café de basilic déshydraté

Recouvrir le fond d'un grand plat à cuire de papier absorbant. Disposer le pain dessus. Cuire à pleine puissance 2 à 3 minutes, jusqu'à ce que le pain soit sec sans brunir. Laisser de côté.

Mélanger l'huile et l'ail dans un récipient. Cuire à pleine puissance 1 minute. Retirer le papier absorbant du plat et réarranger le pain. Passer l'huile sur le pain et saupoudrer de basilic. Cuire à pleine puissance jusqu'à ce que les croûtons soient croustillants.

Légumes

Pommes de terre au four

4 pommes de terre Rosa (150 à 200 g chacune)

Laver les pommes de terre et les percer en plusieurs endroits. Les disposer dans le micro-ondes de façon à ce qu'elles ne se touchent pas. Cuire à pleine puissance 10 à 12 minutes jusqu'à ce qu'elles soient tendres, en les tournant une fois. Les envelopper de papier aluminium ou les recouvrir d'une assiette retournée et laisser reposer 5 minutes.

Farce à la courge et aux champignons

2 cuil. à soupe d'eau

50 g de champignons de Paris émincés

1/2 tasse de courge (ou 1 morceau de citrouille) coupée en dés

40 g de céleri émincé

1 oignon haché

Tomates séchées à l'huile (voir recette p. 59)

60 g de croûtons

1/4 tablette de bouillon de poule

1 cuil. à café de sauge déshydratée

1 cuil. à café de thym déshydraté

Dans un plat de 2,5 litres, mélanger l'eau, les champignons, la courge, le céleri, l'oignon et les tomates. Couvrir et cuire à pleine puissance 6 à 7 minutes jusqu'à ce que les légumes soient tendres. Égoutter. Ajouter les croûtons, le cube de bouillon, la sauge et le thym. Utiliser pour farcir un poulet ou comme garniture de plat.

Bâtonnets de courgette au sésame

    1 grosse courgette, coupée en bâtonnets de 6 cm de long
    2 courges moyennes, coupées en bâtonnets de 6 cm de long
    3 cuil. à soupe d'oignon haché
    1 cuil. à soupe de graines de sésame
    1 cuil. à café de basilic frais
    1 cuil. à café d'huile de sésame
    1 pincée de poivre

Dans un plat de 2 litres, mettre les courgettes et la courge.
Saupoudrer d'oignon, de graines de sésame, de basilic, d'huile
et de poivre. Couvrir et cuire à pleine puissance 5 à 7 minutes
jusqu'à ce que les légumes soient tendres, en remuant une fois.

Haricots verts vapeur

    60 ml d'eau
    700 g de haricots verts frais épluchés
    1 oignon moyen, émincé en anneaux
    1 pincée de poivre

Dans un plat de 2 litres, mettre l'eau, les haricots et l'oignon.
Couvrir et cuire à pleine puissance 10 à 12 minutes, jusqu'à ce
que les légumes soient tendres. Égoutter et saupoudrer de
poivre.

Pommes de terre farcies à la courge

    1 livre de courge (ou 1 morceau de potiron)
    2 grosses pommes de terre
    2 cuil. à soupe de margarine
    2 cuil. à soupe de lait écrémé
    1 pincée de cumin
    1 pincée de poivre
    1 pincée de paprika

Piquer la courge en plusieurs endroits à l'aide d'une fourchette. La mettre dans le micro-ondes, sur une couche de papier absorbant et cuire à pleine puissance 6 à 8 minutes jusqu'à ce qu'elle soit tendre. Laisser refroidir 20 minutes.

Percer les pommes de terre en plusieurs endroits à l'aide d'une fourchette. Les envelopper de papier absorbant et lui cuire à pleine puissance 8 à 10 minutes jusqu'à ce qu'elles soient tendres.

Couper les pommes de terre en deux dans le sens de la longueur et ôter la chair à l'aide d'une petite cuillère, en faisait attention de ne pas déchirer les peaux. Couper la courge en deux, retirer les pépins et les parties filandreuses. Retirer la chair et la mélanger à la chair de pomme de terre.

Ajouter la margarine, le lait et le cumin et écraser en purée. Remettre le mélanger dans les peaux de pomme de terre et saupoudrer de poivre et de paprika. Réchauffer à pleine puissance 2 à 3 minutes.

Purée de carottes aux pignons ou amandes

  6 carottes moyennes, coupées en rondelles
  1/4 litre d'eau
  1 cube de bouillon de volaille
  1 cuil. à café de miel
  3 cuil. à soupe d'oignon vert haché
  3 cuil. à soupe de pignons ou amandes effilées

Dans un plat de 2 litres, mélanger tous les ingrédients sauf l'oignon et les fruits secs. Couvrir et cuire à pleine puissance 6 à 8 minutes jusqu'à ce que les carottes soient tendres, en remuant toutes les 3 minutes.

Passer les carottes et le jus au mixer. Ajouter l'oignon vert. Verser dans le plat de service et garnir de pignons ou amandes.

Pois gourmands et germes de soja

   170 g de pois gourmands
   500 g de germes de soja
   120 g de champignons de Paris frais, émincés
   1 cuil. à café d'huile de sésame
   1 cuil. à soupe de sauce au soja allégée

Mélanger tous les ingrédients dans un plat de 1,5 litre. Couvrir et cuire à pleine puissance 3 à 4 minutes jusqu'à ce que les pois gourmands soient juste tendres.

Purée de pommes de terre au chou

   2 pommes de terre moyennes, pelées et coupées en dés
   2 cuil. à soupe d'eau
   160 g de chou râpé
   2 cuil. à soupe de lait écrémé
   2 cuil. à soupe de margarine
   1 cuil. à café d'oignon déshydraté
   Aromates au choix
   1 pincée de poivre
   1 pincée de paprika pour la garniture

Dans un plat de 2 litres, mettre l'eau et les pommes de terre. Couvrir et cuire à pleine puissance 6 à 7 minutes jusqu'à ce que les pommes de terre soient tendres, en remuant une fois. Laisser reposer 5 minutes.

Pendant ce temps, mettre le chou râpé dans un plat de 2 litres, couvrir et cuire à pleine puissance 4 à 6 minutes jusqu'à ce qu'il soit tendre. Le mettre de côté.

Écraser les pommes de terre avec le lait, la margarine, l'oignon et le poivre. Incorporer le chou et servir.

Légumes Romano

250 g de céleri, émincé en diagonale
1/2 poivron rouge haché
100 g de champignons de Paris frais, émincés
2 cuil. à soupe de persil haché
1 cuil. à café d'huile d'olive
2 cuil. à soupe de fromage Romano râpé
1 pincée de poivre

Dans un plat de 2,5 litres, mélanger tous les ingrédients à l'exception du fromage et du poivre. Couvrir et cuire à pleine puissance 6 à 7 minutes jusqu'à ce que le céleri soit tendre, en remuant deux fois au cours de la cuisson. Égoutter et saupoudrer de fromage et de poivre.

Courge en sauce

1 grosse courge (environ 2 kg), piquée en plusieurs endroits
1 boîte (env. 750 g) de sauce spaghetti
4 gros champignons de Paris frais émincés, pour la garniture
2 cuil. à soupe de parmesan râpé, pour la garniture

Mettre la courge dans le micro-ondes sur une couche de papier absorbant et cuire à pleine puissance 12 minutes, en la tournant toutes les 4 minutes. Laisser reposer 10 minutes.

Verser la sauce spaghetti dans un récipient et réchauffer 3 à 4 minutes à pleine puissance. Couper la courge dans le sens de la longueur et retirer les pépins. A l'aide d'une fourchette, retirer les parties filandreuses. Verser la sauce chaude sur la courge et garnir de fromage et champignons.

Champignons et oignons sautés

1 gros oignon émincé en anneaux

150 g de champignons de Paris frais émincés

3 cuil. à soupe de vin blanc

1/4 tablette de bouillon de bœuf

1/4 de cuil. à café de moutarde déshydratée

1 pincée de basilic déshydraté

1 pincée de poivre

1 pincée d'ail déshydraté

1 petite tomate coupée en 8 quartiers

Dans un plat de 2 litres, mélanger l'oignon, les champignons, l'eau, le vin et les condiments. Bien mélanger. Couvrir et cuire à pleine puissance minutes 6 minutes jusqu'à ce que les oignons soient tendres, en remuant en milieu de cuisson. Ajouter la tomate et cuire 1 minute.

Choux de Bruxelles et carottes aux herbes

2 grosses carottes pelées et coupées en bâtonnets

300 g de choux de Bruxelles coupés en deux

60 ml d'eau

1 cuil. à soupe de margarine

Fines herbes au choix

Dans un plat de 2 litres, mélanger les carottes et les choux. Ajouter l'eau. Couvrir et cuire à pleine puissance 10 à 12 minutes jusqu'à ce que les carottes soient tendres. Égoutter. Ajouter la margarine et les fines herbes et mélanger.

Courge aux noix et raisins secs

2 courges Kobacha, coupées en deux,
   épépinées et parties filandreuses ôtées
1/2 l d'eau
50 g de raisins secs
75 g de noix hachées
20 g de céleri haché
2 cuil. à soupe de sirop d'érable
2 cuil. à café de margarine

Couper 1/2 cm de la partie arrondie de chaque moitié de courge, de façon à ce qu'elles soient stables. Les mettre côté creux dessous dans un plat et ajouter l'eau. Couvrir et cuire à pleine puissance 10 à 12 minutes, jusqu'à ce qu'elles soient presque entièrement cuites. Dans un bol, mélanger les raisins secs, les noix, le céleri, le sirop d'érable et la margarine. Égoutter l'eau des courges, les retourner et les remplir de la préparation. Couvrir et réchauffer à pleine puissance 2 à 4 minutes.

Petits pois aux oignons

400 g de petits pois surgelés
2 cuil. à soupe d'eau
1 boîte (env. 150 g) de petits oignons
2 cuil. à café de margarine
1 bonne pincée de sel aromatisé à l'ail
1 pincée de poivre

Verser les petits pois et l'eau dans un plat de 1,5 litre. Couvrir et cuire à pleine puissance 6 minutes, en remuant en milieu de cuisson. Égoutter. Ajouter les oignons, la margarine et les condiments.

Couvrir et cuire à pleine puissance 1 à 3 minutes jusqu'à ce que les petits pois soient tendres.

Aubergine à l'italienne

> 1 aubergine moyenne (env. 450 g), coupée en rondelles
> 1/2 poivron vert moyen, coupé en dés
> 1 oignon vert coupé en petits dés
> 1 boîte (env. 420 g) de sauce tomate (faible teneur en sel)
> 2 gousses d'ail hachées
> 1 pincée d'origan
> 25 g de mozzarelle râpée allégée

Dans un plat à gratin, disposer les rondelles d'aubergine en une couche régulière. Dans un récipient, mélanger le reste des ingrédients, sauf le fromage. Verser sur l'aubergine. Couvrir et cuire à pleine puissance 8 à 10 minutes jusqu'à ce que l'aubergine soit tendre. Saupoudrer de mozzarelle et laisser reposer 2 minutes, couvert, pour faire fondre le fromage.

Choux de Bruxelles au sésame et citron

> 2 cuil. à café de graines de sésame
> 1 livre de choux de Bruxelles frais, coupés en deux
> 2 cuil. à soupe d'eau
> 1 filet de citron
> 2 cuil. à café de margarine

Dans une tasse, faire cuire les graines de sésame à pleine puissance 2 minutes 1/2 à 3 minutes, jusqu'à ce qu'elles blondissent.

Mettre les choux et l'eau dans un plat de 2 litres. Couvrir et cuire à pleine puissance 6 à 7 minutes, en remuant en milieu de cuisson. Égoutter. Laisser reposer, couvert, 5 minutes.

Dans une tasse, mélanger le citron et la margarine. Cuire à pleine puissance 45 secondes. Verser sur les choux de Bruxelles et saupoudrer de graines de sésame.

Artichauts sauce avocat

4 artichauts moyens

1/4 litre d'eau

1 gros avocat, réduit en purée avant de servir

1 cuil. à soupe de jus de citron vert

Aromates au choix

Tailler les artichauts et les disposer côté queue en haut dans un plat rempli de la moitié de l'eau. Couvrir de film étirable et cuire à pleine puissance 9 à 10 minutes, jusqu'à ce que les feuilles du centre se détachent facilement. Égoutter et laisser reposer, couvert.

Dans un petit récipient, mélanger le reste des ingrédients et servir avec les artichauts.

Haricots verts sauce aux amandes

250 g de haricots verts surgelés

2 cuil. à café d'huile d'olive

1 cuil. à soupe d'oignon haché

1 pincée de basilic déshydraté

2 cuil. à soupe d'amandes finement hachées

1 pincée de poivre

Mettre les haricots dans un saladier. Couvrir et cuire à pleine puissance 6 minutes, en remuant au bout de 3 minutes.

Dans une tasse, mélanger la margarine, l'oignon et le basilic. Cuire à pleine puissance 1 à 1 minute 1/2, jusqu'à ce que l'oignon soit tendre. Ajouter les amandes et mélanger. Verser la préparation sur les haricots et mélanger. Saupoudrer de poivre.

Ratatouille

220 g de champignons de Paris frais, émincés
1 poivron haché
1 cuil. à soupe d'huile d'olive
2 courgettes moyennes, coupées en cubes
1 boîte (env. 450 g) de tomates entières,
    égouttées et grossièrement hachées
120 g d'oignon haché
2 gousses d'ail hachées
2 cuil. à soupe de concentré de tomate
2 cuil. à café de basilic déshydraté
1 pincée de poivre
3 cuil. à soupe de persil frais
25 g de fromage Romano râpé

Mélanger tous les ingrédients, sauf le fromage et le persil, dans un grand plat. Bien mélanger et étaler régulièrement. Couvrir et cuire à pleine puissance 10 à 15 minutes, jusqu'à ce que les légumes soient tendres, en remuant deux fois. Ajouter le persil et laisser reposer 5 minutes. Garnir de Romano.

Blettes Harvard

1 cuil. à soupe de Maïzena
1 filet de citron
1/4 litre de jus de pomme
1 pincée de clous de girofle moulus
1 pincée de poivre
1 livre de blettes coupées en morceaux et égouttées

Dans un récipient, mélanger la Maïzena, le jus de citron, le jus de pomme et les épices. Cuire à pleine puissance 2 à 3 minutes jusqu'à ce que le mélange soit épais et bouillonnant, en remuant toute les minutes.

Ajouter les blettes et réchauffer à pleine puissance 2 minutes.

Chou-fleur au cheddar

2 cuil. à soupe d'eau

1 tête de chou-fleur coupée en 4 morceaux égaux

1/4 litre de lait écrémé

1 cuil. à soupe de Maïzena

1/4 tablette de bouillon de volaille

1 cuil. à café de margarine

1 pincée de poivre

50 g de cheddar râpé allégé

Disposer le chou-fleur dans un plat de 2 litres et verser l'eau dessus. Couvrir et cuire à pleine puissance 6 à 7 minutes jusqu'à ce qu'il soit tendre, en tournant le plat une fois. Égoutter.

Dans un grand bol, faire dissoudre la Maïzena dans le lait. Ajouter le reste des ingrédients, sauf le fromage. Cuire à pleine puissance 2 à 3 minutes jusqu'à ce que le mélange épaississe, en remuant toutes les minutes. Ajouter le fromage et attendre qu'il fonde. Verser la sauce au cheddar sur le chou-fleur chaud.

Poivrons sauce Teriyaki

2 gros poivrons verts, épépinés et coupés en bâtonnets

1 gros oignon émincé en anneaux

1 gousse d'ail hachée

1 cuil. à soupe de vin blanc

1 filet de citron

1 cuil. à soupe de sauce Teriyaki allégée

1 cuil. à café d'huile d'olive

Mélanger les ingrédients dans un plat de 1,5 litre. Couvrir et cuire à pleine puissance 4 à 5 minutes, jusqu'à ce que les poivrons soient juste tendres, en remuant une fois.

Courge aux fines herbes

5 petites courges coupées en rondelles

1 gousse d'ail hachée

1 pincée de thym

1 pincée de basilic

1 pincée de romarin

1 pincée de poivre

1 cuil. à café de margarine

25 g de mozzarelle râpée allégée

1 petite tomate coupée en petits dés, pour la garniture

Mettre la courge dans un plat de 2 litres et saupoudrer de fines herbes et de margarine. Bien mélanger. Couvrir et cuire à pleine puissance 5 à 7 minutes jusqu'à ce que la courge soit tendre. Saupoudrer de fromage et attendre qu'il fonde. Garnir de tomate.

Pois et carottes à la crème

420 g de petits pois et carottes surgelés

3 cuil. à soupe de vin blanc

1 cuil. à café de farine

1 yaourt nature sans matières grasses

1 pincée d'ail déshydraté

1 pincée d 'oignon déshydraté

1 pincée d'aneth

1 bonne pincée de persil déshydraté

Mélanger les légumes et le vin dans un plat de 1,5 litre. Couvrir et cuire à pleine puissance 6 à 8 minutes jusqu'à ce qu'ils soient tendres, en remuant une fois.

Saupoudrer de farine et mélanger. Ajouter le reste des ingrédients et couvrir. Réchauffer à puissance moyenne 3 à 4 minutes, en remuant deux fois.

Sauté de pommes de terre et champignons

1 cuil. à soupe d'huile d'olive
1 oignon moyen émincé en anneaux
450 g de pommes de terre entières, coupées en deux
1 boîte (100 g env.) de champignons de Paris coupés, égouttés
1 pincée d'origan en poudre
1 bonne pincée de persil
1 pincée de poivre

Mélanger l'huile d'olive et l'oignon dans un plat de 1,5 litre. Couvrir et cuire à pleine puissance 3 à 4 minutes jusqu'à ce que les oignons soient tendres. Ajouter les pommes de terre, les champignons et les condiments. Couvrir et réchauffer à pleine puissance 2 à 3 minutes.

Aubergine et courge méditerranéennes

(pour 6 personnes)

1 aubergine moyenne, pelée et coupées en dés
1 poivron rouge moyen coupé en fins bâtonnets
1 grosse courge (ou un morceau de potiron)
   coupées en rondelles épaisses
1 gousse d'ail hachée
1 cuil. à café d'huile d'olive
2 cuil. à soupe de persil haché frais
1 pincée de basilic déshydraté
6 olives dénoyautées coupées en rondelles
2 cuil. à soupe de fêta émiettée

Dans un plat de 2,5 litres, mélanger l'aubergine, le poivron, la courge, l'ail, l'huile et le persil. Couvrir et cuire à pleine puissance 9 à 11 minutes jusqu'à ce que les légumes soient tendres, en remuant plusieurs fois. Ajouter les olives et le basilic, couvrir et cuire à pleine puissance 1 à 2 minutes. Saupoudrer de fêta.

Maïs au citron vert

1 livre de maïs en grains surgelé
1 cuil. à soupe de jus de citron vert
2 cuil. à café d'huile d'olive
2 cuil. à café de poudre d'aromates pour Taco

Mélanger tous les ingrédients dans un plat de 1,5 litre. Couvrir et cuire à pleine puissance 9 à 10 minutes, en remuant une fois.

Assortiment de courge et pois gourmands

1 courge (750 g env.)
1 gousse d'ail hachée
2 cuil. à soupe de margarine
1 pincée de persil déshydraté
1 pincée d'origan déshydraté
150 g de pois gourmands

Mettre la courge dans le micro-ondes et cuire à pleine puissance 2 minutes. Piquer profondément la peau en plusieurs endroits à l'aide d'une fourchette. Cuire à pleine puissance 5 à 6 minutes jusqu'à ce qu'elle soit tendre en la retournant deux fois. Laisser reposer. Ôter les pépins et fibres. Peler et couper en tranches.

Mettre l'ail et la margarine dans un plat de 2 litres. Cuire à pleine puissance 30 secondes jusqu'à ce que la margarine soit fondue. Ajouter les aromates et les pois gourmands et mélanger. Couvrir les pois de papier sulfurisé et cuire à pleine puissance 2 à 3 minutes jusqu'à ce qu'ils soient juste tendres. Ajouter la courge cuite et réchauffer à pleine puissance 1 à 2 minutes.

Pommes de terre nouvelles à l'aneth

1 livre de petites pommes de terre nouvelles, lavées
1 cuil. à soupe d'huile d'olive
1,5 cuil. à soupe d'aneth fraîche haché

Dans un plat de 2 litres, mélanger l'huile et les pommes de terre. Couvrir et cuire à pleine puissance 6 à 8 minutes jusqu'à ce qu'elles soient tendres, en remuant deux fois. Saupoudrer d'aneth et mélanger.

Assortiment de légumes

1 cuil. à soupe de margarine
1 gousse d'ail
1/4 d'oignon coupé en dés
1 pincée de poivre
120 ml de bouillon de poule
4 petites pommes de terre coupées en cubes
120 g de champignons de Paris frais émincés
50 g de fleurs de brocoli
200 g de courge coupée en rondelles

Mélanger la margarine, l'ail, l'oignon, le poivre et le bouillon dans un plat de 2,5 litres. Couvrir et cuire à pleine puissance 1 minute jusqu'à ce que l'oignon soit tendre.

Ajouter les pommes de terre, les champignons, le brocoli et la courge. Couvrir et cuire à pleine puissance 7 à 9 minutes jusqu'à ce que les légumes soient tendres, en remuant une fois.

Patates douces

3 patates douces moyennes pelées et coupées en dés
60 ml de jus de pomme
1 cuil. à café de cannelle moulue
1 pincée de muscade moulue
2 cuil. à café de margarine

Dans un plat de 1,5 litre, mettre les patates douces et le jus de pomme. Saupoudrer de cannelle et muscade. Couvrir et cuire à pleine puissance 8 à 10 minutes, jusqu'à ce qu'elles soient tendres. Incorporer la margarine.

Pommes de terre et courgettes

4 pommes de terre Rosa, coupées en rondelles
4 petites courgettes coupées en rondelles
2 cuil. à soupe d'eau
1 cuil. à soupe d'huile d'olive extra-vierge
1 filet de citron
1 cuil. à soupe de persil frais haché
1 pincée de poivre
1 pincée de sel (facultatif)

Mettre les pommes de terre, les courgettes et l'eau dans un plat moyen. Couvrir et cuire à pleine puissance 6 à 8 minutes jusqu'à ce que les pommes de terre soient tendres, en remuant deux fois en cours de cuisson. Égoutter.

Arroser les légumes d'huile et de citron. Saupoudrer d'aromates et mélanger avec précaution.

Gâteau de maïs

(pour 6 personnes)

1 boîte (450 g env.) de maïs en grains
120 ml de substitut d'œuf (ou 2 œufs)
2 cuil. à soupe d'oignon vert haché
2 cuil. à soupe de céleri haché
120 ml de lait écrémé
1 cuil. à café de sucre
50 g de chapelure
1 pincée de paprika

Huiler un plat à cuire de 2 litres. Y mettre tous les ingrédients sauf le paprika. Couvrir et cuire à puissance moyenne 7 minutes. Mélanger. Cuire à 70 % de la puissance pendant 4 à 5 minutes (en enfonçant la lame d'un couteau, elle doit ressortir propre). Saupoudrer de paprika.

Mélange de chou-fleur et brocoli

2 cuil. à soupe d'eau
200 g de chou-fleur frais
200 g de fleurs de brocoli
1 pincée de sel ou autre aromate (facultatif)
1 pincée de poivre gris

Dans un plat de 2 litre, mettre l'eau et les légumes. Couvrir et cuire à pleine puissance 5 à 7 minutes jusqu'à ce que les légumes soient juste tendres. Égoutter. Saupoudrer d'épices.

Pois gourmands à la menthe fraîche

2 cuil. à café d'huile d'olive

1 cuil. à soupe de céleri finement émincé

1 cuil. à soupe d'oignon finement haché

100 g de petits pois surgelés

100 g de pois gourmands

1 cuil. à soupe de menthe fraîche hachée

Dans un plat de 2,5 litres, mélanger l'huile, le céleri et l'oignon. Couvrir et cuire à pleine puissance 2 minutes. Ajouter les petits pois, couvrir de nouveau et cuire à pleine puissance 2 minutes. Incorporer les pois gourmands et cuire à pleine puissance 1 à 2 minutes jusqu'à ce qu'ils soient juste tendres. Saupoudrer de menthe et servir.

Champignons sautés

350 g de petits champignons de Paris, lavés, pieds ôtés

2 cuil. à café de margarine

1 pincée de sel (facultatif)

1 pincée de poivre

1 petit filet de citron

Mélanger tous les ingrédients dans un plat de 2 litres. Cuire 1 à 2 minutes sans couvrir à pleine puissance jusqu'à que les champignons soient tendres.

Purée relevée

1 bonne livre de pommes de terre pelées et coupées en dés
3 gousses d'ail pelées
2 branches de céleri hachées en petits morceaux
60 ml d'eau
1 cuil. à soupe d'huile d'olive
60 à 120 ml de lait écrémé chaud
1 bonne pincée de persil déshydraté
1 pincée de sel
1 pincée de poivre
1 pincée de paprika pour la garniture

Dans un plat de 2,5 litres, mélanger les pommes de terre, l'ail, le céleri et l'eau. Couvrir et cuire à pleine puissance 8 à 10 minutes jusqu'à ce que les pommes de terre soient tendres, en remuant une fois en cours de cuisson.

A l'aide d'une écumoire, ôter les pommes de terre, le céleri et l'ail et les passer au mixer. Verser l'huile, le lait, le persil, le sel et le poivre en continuant à mixer. Augmenter la vitesse pendant 1 minute.

Verser la purée dans le plat de service et saupoudrer de paprika.

Haricots de Lima et maïs

200 g de haricots de Lima (ou haricots verts) surgelés
400 g de maïs surgelé
1 cuil. à soupe d'eau
1/4 tablette de bouillon de volaille
1 cuil. à café de margarine
1 bonne pincée de basilic déshydraté
1 pincée de paprika

Mélanger tous les ingrédients, sauf le paprika, dans un plat de 2 litres. Couvrir et cuire à pleine puissance 9 à 10 minutes jusqu'à ce que les haricots soient juste tendres, en remuant une fois. Saupoudrer de paprika.

Pois gourmands et poivron rouge au sésame

1 poivron rouge moyen, coupé en bâtonnets
300 g de pois gourmands
1 oignon moyen finement émincé en anneaux
2 cuil. à soupe de sauce au soja allégée
2 cuil. à café d'huile de colza
2 cuil. à soupe de graines de sésame
1 pincée de poivre de Cayenne

Mélanger tous les ingrédients dans un plat de 2 litres. Couvrir et cuire à pleine puissance 6 à 8 minutes jusqu'à ce que les légumes soient juste tendres, en remuant une fois.

Pommes de terre et bâtonnets de poivron

3 pommes de terre moyennes pelées, coupées en rondelles
1 oignon moyen finement émincé en anneaux
1 poivron vert moyen, coupé en julienne
2 cuil. à soupe d'eau
1 cuil. à café de margarine
1 pincée de persil déshydraté
1 pincée de sel aromatisé à l'ail
1 pincée de poivre
2 cuil. à soupe de parmesan râpé

Mélanger tous les ingrédients sauf le fromage dans un plat de 2 litres. Couvrir et cuire à pleine puissance 9 à 10 minutes, en remuant deux fois. Saupoudrer de parmesan.

Brocoli Teriyaki

700 g de brocoli frais
60 ml d'eau
8 cuil. à soupe de sauce Teriyaki
1 cuil. à soupe de jus de citron
1 pincée de gingembre moulu

Détacher les fleurs de brocoli en gardant quelques centimètres de tige. Les mettre dans un plat de 2,5 litre et les arroser d'eau. Couvrir et cuire à pleine puissance 9 à 10 minutes, jusqu'à ce qu'il soit tendre. Égoutter et laisser reposer 2 minutes.

Dans un petit récipient, mélanger la sauce Teriyaki, le citron et le gingembre. Réchauffer à pleine puissance 1 à 2 minutes. Verser sur le brocoli et servir.

Epi de maïs aux fines herbes

1 pincée de graines de céleri
1 cuil. à café d'aneth fraîche hachée
1/8 de poivron rouge coupé en petits dés
1/2 branche de céleri coupée en petits dés
2 cuil. à soupe d'oignon vert haché
200 ml de sauce vinaigrette allégée aux herbes
4 épis de maïs épluchés

Mélanger tous les ingrédients sauf le maïs au fond d'un grand plat à gratin. Rouler les épis dans le mélange. Couvrir et cuire à pleine puissance 9 à 10 minutes, en retournant les épis une fois en cours de cuisson. Laisser reposer 5 minutes.

Pommes de terre nouvelles
aux oignons verts et à l'huile d'olive

60 ml d'eau

1 livre de pommes de terre nouvelles Icoupées en quatre

2 cuil. à soupe d'huile d'olive

2 cuil. à soupe de vinaigre de vin

1 pincée d'ail déshydraté

1 bonne pincée de persil haché

1 petite pincée de poivre

2 oignons verts hachés

Mettre l'eau et les pommes de terre dans un plat. Couvrir et cuire à pleine puissance 6 à 10 minutes jusqu'à ce qu'elles soient tendres, en les retournant une fois en cours de cuisson. Égoutter et laisser reposer 5 minutes.

Dans un récipient, battre le reste des ingrédients, puis ajouter les pommes de terre. Laisser reposer une heure avant de servir. Ce plat peut se consommer froid ou réchauffé.

Carottes au miel

600 g de carottes coupées en fines rondelles

1 petit oignon émincé en anneaux

1 cuil. à soupe de persil haché

1 cuil. à café de miel

1 cuil. à café de margarine

1/4 tablette de bouillon de volaille

Mélanger tous les ingrédients dans un plat de 2 litres. Couvrir et cuire à pleine puissance 7 à 10 minutes jusqu'à ce que les carottes soient tendres, en remuant une fois.

Brocoli aux graines de tournesol

2 cuil. à soupe d'eau

300 g de fleurs de brocoli

1 bonne pincée de poivre

2 cuil. à café d'huile d'olive

2 cuil. à soupe de graines de tournesol

Mélanger l'eau, le brocoli et le poivre dans un plat de 2 litres. Couvrir et cuire à pleine puissance 6 à 7 minutes jusqu'à ce que le brocoli soit tendre. Égoutter. Arroser d'huile d'olive et saupoudrer de graines de tournesol.

Pommes et carottes cuites

1/4 litre de jus d'orange

1 cuil. à soupe de miel

1 cuil. à café de persil déshydraté

4 carottes moyennes, coupées en fines rondelles

2 pommes moyennes, pelées et coupées en tranches

Dans une grande tasse, mélanger le jus d'orange et le miel. Cuire à pleine puissance 45 secondes pour liquéfier le miel.

Disposer les carottes et les pommes dans un plat de 2 litres. Verser le jus d'orange dessus et saupoudrer de persil. Couvrir et cuire à pleine puissance 8 à 10 minutes jusqu'à ce que les carottes soient tendres, en remuant une fois.

Doliques et chou

4 tranches de bacon de dinde, coupées en petits morceaux
320 g de chou haché
1 petit oignon émincé en anneaux
2 cuil. à soupe d'eau
1 pincée d'aneth déshydraté
1/4 tablette de bouillon de volaille
1 pincée de poivre
400 g de doliques cuits (ou en boîte)

Mettre le bacon de dinde dans un plat de 2,5 litres. Couvrir et cuire à pleine puissance 2 à 3 minutes.

Ajouter le chou et l'oignon. Arroser d'eau et saupoudrer de poivre et d'aneth. Couvrir et cuire à pleine puissance 3 minutes. Ajouter les doliques en remuant. Couvrir et réchauffer à pleine puissance 2 à 6 minutes.

Gâteau de maïs aux graines de pavot

Recette accompagnant agréablement les pâtés de crabe
(voir recette p. 124)

2 cuil. à soupe de margarine
1/3 litre de lait écrémé
75 g de farine de maïs
1 bonne pincée de thym déshydraté
2 cuil. à café de graines de pavot
200 g de maïs blanc, frais ou surgelés
2 cuil. à soupe de piment doux coupé en dés
1 cuil. à café de sucre
1 pincée de sel
1 petite pincée de cayenne
180 ml de substitut d'œuf (ou 3 œufs), battu

Dans un plat de 2 litres, mélanger tous les ingrédients sauf le substitut d'œuf. Couvrir de papier sulfurisé et cuire à pleine puissance 6 à 7 minutes jusqu'à ce que la farine ait absorbé presque tout le liquide, en remuant toutes les minutes pendant la deuxième moitié du temps de cuisson. Laisser reposer 10 minutes.

Ajouter délicatement aux œufs battus quelques cuillers à soupe de la préparation, en mélangeant bien. Reverser ce mélange dans le reste de la préparation au maïs. Couvrir et cuire à pleine puissance 4 minutes, en remuant une fois.

Lisser la surface de la préparation et cuire à puissance moyenne 2 à 4 minutes jusqu'à épaississement. Laisser couvert jusqu'au moment de servir.

Pilaf d'orge et de noix

Délicieux avec du poisson.

1 cuil. à soupe d'huile d'olive

1 oignon haché

100 g d'orge perlé

30 g de noix hachées

420 ml de bouillon de poulet

1 filet de citron

1 pincée de poivre

40 g de carottes finement râpées

Dans un plat de 2 litres, mélanger l'huile et l'oignon. Couvrir et cuire à pleine puissance 2 à 3 minutes. Ajouter l'orge en mélangeant bien. Ajouter les noix, le bouillon, le citron et le poivre. Couvrir et cuire à pleine puissance 5 minutes jusqu'à ébullition.

Réduire à puissance moyenne et cuire 7 à 10 minutes jusqu'à ce que le liquide soit presque entièrement absorbé et que l'orge soit tendre. Incorporer les carottes.

Riz, Haricots secs et Céréales

Riz complet nature

600 ml d'eau

200 g de riz complet

Mettre l'eau et le riz dans un plat de 2,5 litres. Couvrir et cuire à pleine puissance 6 à 7 minutes. Réduire à 30 % de la puissance et cuire 45 minutes jusqu'à ce que l'eau soit presque entièrement absorbée. Laisser reposer 5 minutes.

Haricots secs nature

220 g de haricots secs (noirs, pinto, rouges,
    flageolets ou doliques) rincés et nettoyés

1,5 litre d'eau

Dans un plat de 2 litres, mélanger les haricots et la moitié de l'eau. Couvrir et laisser tremper 6 heures ou toute la nuit. Égoutter et rincer les haricots. Les remettre dans le plat et ajouter le reste de l'eau. Couvrir et cuire à pleine puissance 9 minutes, jusqu'à ébullition, en remuant une fois. Réduire à 30 % de la puissance et laisser mijoter 40 à 45 minutes jusqu'à ce que les haricots soient tendres. Laisser reposer 10 minutes.

Haricots blancs

1 cuil. à soupe d'huile d'olive

2 gousses d'ail hachées

1 boîte (450 g env.) de haricots blancs, égouttés et rincés

2 cuil. à soupe de persil haché

Mettre l'huile et l'ail dans un plat de 2 litres. Couvrir et cuire à pleine puissance 30 secondes. Ajouter les haricots, mélanger et réchauffer sans couvrir 2 minutes 1/2 à 3 minutes. Incorporer le persil et cuire 45 secondes.

Riz complet aux petits oignons

2 cuil. à café d'huile d'olive
2 oignons finement émincés
300 ml de bouillon de volaille
300 g de riz complet
1 bocal (150 g env.) de petits oignons
4 rondelles de citron pour la garniture

Mélanger tous les ingrédients, sauf les oignons et le citron, dans un plat de 2 litres. Couvrir et cuire à pleine puissance 8 minutes jusqu'à ce que le riz soit tendre et que l'eau ait été absorbée. Incorporer les petits oignons et laisser reposer, couvert, 5 minutes. Garnir de rondelles de citron.

Riz sauvage aux champignons et romarin

1 cuil. à café d'huile d'olive
2 branches de céleri haché
120 g de champignons de Paris émincés
1,5 litre de bouillon de poulet
200 g de riz sauvage
1 pincée de romarin

Mélanger tous les ingrédients dans un plat de 3 litres. Couvrir et cuire à pleine puissance 6 à 7 minutes. Réduire à 30 % de la puissance et cuire 30 minutes jusqu'à absorption complète du liquide. Égoutter et laisser reposer couvert 5 minutes.

Riz à la crème de champignons

300 g de riz
1/2 petit poivron vert haché
3 cuil. à soupe de piment doux haché
180 g de champignons de Paris émincés
1/4 litre de soupe condensée de crème de champignons
1/4 litre de lait écrémé

Mélanger les ingrédients dans un plat de 2,5 litres. Couvrir et cuire à pleine puissance 6 minutes jusqu'à ce que le riz et les légumes soient tendres, en remuant deux fois.

Riz oriental

300 g de riz
300 g de pois gourmands surgelés, préalablement décongelés
120 g de champignons de Paris émincés
160 ml d'eau
2 gousses d'ail hachées
1 pincée de gingembre en poudre
2 cuil. à soupe de sauce au soja allégée

Mélanger tous les ingrédients dans un plat de 2,5 litres. Couvrir et cuire à pleine puissance 6 à 9 minutes, jusqu'à ce que le riz et les pois gourmands soient tendres, en remuant deux fois.

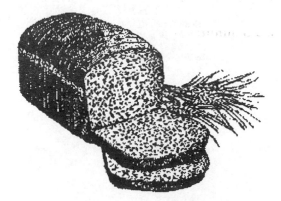

Riz vapeur au persil

200 g de riz blanc
1/2 litre d'eau
1 tablette de bouillon de volaille
3 cuil. à soupe de persil haché

Dans un plat de 2 litres, mélanger le riz, l'eau et le bouillon. Couvrir et cuire à pleine puissance 5 minutes. Réduire à puissance moyenne et cuire 15 minutes. Aérer à l'aide d'une fourchette et incorporer le persil.

Purée de haricots noirs au piment vert

1 boîte (450 g env.) de haricots noirs
1 petit oignon haché
1 gousse d'ail hachée
1 pincée de cumin en poudre
3 cuil. à soupe de piment de chili vert en boîte
1 petite pincée de cayenne
1/2 tablette de bouillon de bœuf
1/4 litre d'eau chaude
1 petite tomate coupée en petits morceaux pour la garniture

Passer tous les ingrédients sauf la tomate au mixer et verser le mélange dans un plat de 1,5 litre. Couvrir et cuire à pleine puissance 2 minutes. Remuer et réduire à 70 % de la puissance. Réchauffer 3 à 5 minutes et garnir de tomate.

Timbales de riz colorées

- 420 ml d'eau
- 1 pincée de sel
- 200 g de riz longs grains
- 1/2 poivron rouge coupé en petits morceaux
- 1/2 poivron vert coupé en petits morceaux
- 100 g de maïs surgelé
- 4 feuilles de laitue

Mélanger l'eau, le sel et le riz dans un plat de 2 litres. Bien couvrir et cuire à pleine puissance 3 à 4 minutes jusqu'à ébullition. Réduire à puissance moyenne et cuire 8 à 10 minutes jusqu'à complète absorption. Ajouter les poivrons et le maïs en remuant et cuire à pleine puissance 1 minute 1/2. Laisser reposer 5 minutes.

Mettre 1/4 du riz dans une petite tasse ronde. Presser fortement à l'aide d'une cuillère. Disposer les feuilles de laitue sur le plat de service et démouler le tasse de riz dessus. Répéter l'opération trois fois.

Riz sauvage aux haricots verts

- 3 cuil. à soupe d'huile d'olive
- 1 gousse d'ail hachée
- 1 oignon haché
- 60 g d'oignon vert haché
- 200 g de riz sauvage
- 1,5 litre de bouillon de volaille
- 1 livre de haricots verts épluchés et coupés en 2 ou 3
- 1 pincée de sel ou aromate au choix

Dans un plat de 3 litres, mélanger l'huile, l'ail et l'oignon. Couvrir et cuire à pleine puissance 2 à 3 minutes. Ajouter le riz et bien mélanger. Ajouter le bouillon, les haricots et les condiments. Couvrir et cuire à pleine puissance 5 à 7 minutes jusqu'à ébullition. Réduire à 30 % de la puissance et cuire 30 à 40 minutes jusqu'à ce que les haricots et le riz soient tendres et que le liquide soit complètement absorbé.

Riz pilaf au brocoli et noix de pécan

> 1,5 cuil. à soupe de margarine
>
> 1 oignon moyen, finement haché
>
> 200 g de riz blanc
>
> 1 litre de bouillon de volaille
>
> 100 g de fleurs de brocoli
>
> 1 cuil. à café d'eau
>
> 25 g de noix de pécan hachées

Dans un plat de 2,5 litres, mettre la margarine et l'oignon. Cuire à pleine puissance 2 à 3 minutes jusqu'à ce que l'oignon soit tendre. Ajouter le riz et bien mélanger. Ajouter le bouillon et mélanger. Bien couvrir et cuire à pleine puissance 4 à 6 minutes jusqu'à ébullition. Réduire à 30 % de la puissance et cuire 20 minutes. Laisser reposer couvert 5 minutes.

Pendant ce temps, mettre le brocoli dans un plat peu profond. L'arroser d'eau, couvrir et cuire à pleine puissance 2 à 3 minutes jusqu'à ce qu'il soit tendre. Égoutter. Incorporer le brocoli et les noix au riz et bien mélanger. Le riz couvert peut se garder chaud 1 heure avant de servir.

Riz mexicain
au piment vert et persil chinois

1 cuil. à soupe d'huile d'olive
1 petit oignon haché
1 gousse d'ail hachée
1/2 poivron vert haché
2 cuil. à soupe de piment doux haché
1 piment serrano frais haché
400 g de riz complet
1/2 litre d'eau
1 tablette de bouillon de volaille
3 cuil. à soupe de persil haché
2 cuil. à soupe de persil chinois haché

Dans un plat de 2 litres, mélanger l'huile, l'oignon, l'ail, le poivron, les piments. Couvrir et cuire à pleine puissance 3 à 4 minutes.

Dissoudre la tablette de bouillon dans l'eau chaude et l'ajouter à la préparation en remuant. Ajouter le riz et le persil et cuire à pleine puissance 8 à 10 minutes jusqu'à ce que le riz soit tendre. Laisser reposer 5 minutes. Aérer à l'aide d'une fourchette et garnir de persil chinois.

Riz basmati coloré

420 ml d'eau
200 g de riz basmati
150 g de légumes mélangés surgelés (maïs, petits pois...)
Aromate au choix

Mélanger les ingrédients dans un plat de 2 litres. Couvrir et cuire à pleine puissance 4 à 6 minutes jusqu'à ébullition.

Réduire à puissance moyenne et cuire 5 à 6 minutes jusqu'à absorption de l'eau. Laisser reposer 5 minutes.

Haricots sautés

1 boîte (450 g env.) de haricots sautés ("refried beans")
   sans matières grasses
1/2 petite tomate épépinée et coupée en petits dés
2 cuil. à soupe de persil haché pour la garniture

Mettre les haricots dans un plat rond de 1,5 litre. Former une cavité au centre pour une meilleure cuisson. Couvrir et cuire à pleine puissance 2 minutes 1/2 à 4 minutes. Verser dans le plat de service et garnir de tomate et persil.

Piments farcis aux haricots sautés

2 boîtes (200 g chacune) de chilis verts entiers
320 g de haricots sautés ("refried beans") en boîte
120 ml de substitut d'œuf (ou 2 œufs)
3 cuil. à soupe de farine
1/2 cuil. à café de levure chimique
1 pincée de poivre
1/2 cuil. à café d'huile végétale
35 g de cheddar râpé allégé
1 pincée de paprika pour la garniture

Couper les piments chili en deux dans le sens de la longueur et les épépiner. Les farcir de haricots. Dans un petit récipient, verser le substitut d'œuf et battre vigoureusement. Dans un autre récipient, mélanger la farine, la levure et le poivre. Huiler légèrement le fond d'un plat à cuire. Tremper les piments farcis dans les œufs puis dans le mélange de farine. Les disposer dans le plat de façon à ce qu'ils ne se touchent pas.

Cuire sans couvrir à pleine puissance 3 à 4 minutes jusqu'à ce que les œufs prennent. Garnir de fromage et de paprika et cuire à pleine puissance 1 minute.

Enchiladas aux haricots noirs

1 oignon moyen haché
2 gousses d'ail hachées
1 boîte (450 g env.) de tomates concassées
1 cuil. à soupe de Maïzena
1 piment serrano ou jalapeño haché
1 bonne pincée de cumin moulu
420 g de haricots noirs cuits (ou 1 boîte), rincés
1 yaourt nature sans matières grasses
8 galettes de maïs (tortillas)
35 g de cheddar râpé allégé

Mélanger l'oignon et l'ail dans un plat de 2 litres. Couvrir et cuire à pleine puissance 2 minutes 1/2. Mélanger la Maïzena à quelques cuillerées du jus des tomates et l'ajouter aux oignons. Ajouter le reste des tomates, le poivre et le cumin. Cuire à pleine puissance 4 à 5 minutes jusqu'à ébullition en remuant toutes les minutes. Laisser de côté.

Dans un récipient, mélanger les haricots et le yaourt. Amollissez les tortillais en les enveloppant dans du papier absorbant et en les cuisant 1 minute à pleine puissance. Étaler 1/8 du mélange aux haricots sur le tiers inférieur de chaque tortilla et rouler.

Disposer les enchiladas rebord en bas dans un plat à cuire. Couvrir de sauce et réchauffer à pleine puissance 4 a 6 minutes. Saupoudrer de fromage et cuire 1 minute jusqu'à ce qu'il soit fondu.

Hopping John

3 oignons hachés

4 cuil. à soupe de vinaigre d'alcool

300 g de riz complet

1/3 litre d'eau

3 gousses d'ail hachées

1 cuil. à café d'origan déshydraté

Quelques gouttes de sauce piquante

80 g de dinde fumée cuite, coupée en morceaux

1 boîte (420 g env.) de doliques

Mélanger 1 cuil. à soupe d'oignon avec le vinaigre. Laisser reposer 30 minutes. Égoutter et laisser de côté, pour la garniture.

Mélanger le riz, l'eau, le reste de l'oignon, l'ail, l'origan et la sauce piquante dans un plat. Couvrir et cuire à pleine puissance 8 à 10 minutes. Ajouter la dinde et les doliques en remuant. Couvrir et cuire à pleine puissance 2 à 3 minutes. Laisser reposer 5 minutes. Garnir d'oignons marinés et servir.

Paëlla végétarienne

1 cuil. à café d'huile d'olive

1 petit oignon

3 gousses d'ail hachées

100 g d'asperges fines coupées en petits morceaux

2 petites pommes de terre Rosa coupées en fines rondelles

300 g de riz complet

1/2 litre de bouillon de légume ou de volaille chaud

1 bonne pincée d'origan

1 cuil. à café de safran (facultatif)

140 g de petits pois surgelés

1/2 tomate coupée en dés

1 bocal (175 g env.) de cœurs d'artichaut marinés

8 olives dénoyautées

Mélanger l'huile, l'oignon, l'ail, les asperges et les pommes de terre dans un grand plat. Couvrir et cuire à pleine puissance 6 à 8 minutes jusqu'à ce que les pommes de terre soient presque tendres.

Ajouter le riz, le bouillon, les épices, les petits pois, la tomate, les artichauts et les olives. Bien mélanger. Couvrir et cuire à pleine puissance 10 à 12 minutes jusqu'à ce que le riz et les pommes de terre soient tendres. Laisser reposer 5 minutes.

Chili végétarien

1 poivron vert haché

1 gros oignon haché

3 gousses d'ail hachées

2 cuil. à café de chili

1 cuil. à café de cumin

2 feuilles de laurier

1/2 cuil. à café d'origan

1 pincée de cayenne

40 g de semoule de blé

1/3 litre d'eau

2 cuil. à café de sauce au soja sans sel

1 boîte (450 g env.) de tomates entières, hachées

1 boîte 420 g env.) de haricots rouges rincés et égouttés

Dans un plat de 3 litres, mettre l'oignon et l'ail. Couvrir et cuire à pleine puissance 3 à 4 minute.

Ajouter le reste des ingrédients en mélangeant. Couvrir et cuire à pleine puissance 7 minutes. Réduire à 30 % de la puissance et laisser mijoter 20 à 25 minutes.

Pâtes

Pâtes à la sauce tomate et aux champignons

(env. 8 portions de sauce)

Pâtes pour 4 personnes
1 cuil. à soupe d'huile d'olive
1 gros oignon haché
4 grosses gousses d'ail hachées
150 g de carottes coupées en dés
1 livre de champignons de Paris émincés
1 boîte (400 g env.) de sauce tomate
1 boîte (400 g env.) de tomates entières, égouttées et hachées
2 cuil. à soupe de concentré de tomate
1 cuil. à café d'origan déshydraté
1 cuil. à café de basilic déshydraté
1 cuil. à café de paprika
6 cuil. à soupe de persil haché
1 pincée de sel
1 pincée de poivre
1 pincée de poivre de Cayenne

Cuire les pâtes de façon traditionnelle selon les instructions du paquet. Pendant ce temps, dans un plat de 3 litres, mélanger l'huile, l'oignon, l'ail et les carottes. Cuire à pleine puissance 3 à 4 minutes jusqu'à ce que les carottes soient juste tendres.

Ajouter les champignons, mélanger et cuire à pleine puissance 4 à 5 minutes. Ajouter la sauce tomate, les tomates, le concentré de tomate et les aromates. Cuire sans couvrir à pleine puissance 5 minutes. Réduire à 30 % de la puissance et cuire 20 minutes.

Linguine aux courgettes et aux tomates

Linguine pour 4 personnes

3 courgettes moyennes, coupées en petits morceaux

2 cuil. à soupe d'eau

1 cuil. à soupe d'huile d'olive

1 pincée d'origan déshydraté

4 petites tomates coupées en petits morceaux

4 cuil. à soupe de basilic haché

1 pincée de poivre de Cayenne

1 pincée de paprika

1 pincée de sel (facultatif)

Cuire les linguine de façon traditionnelle selon les instructions du paquet. Pendant ce temps, mettre les courgettes, l'eau, l'huile et l'origan dans un plat de 2,5 litres. Couvrir et cuire à pleine puissance 5 à 6 minutes jusqu'à ce que les courgettes soient juste tendres, en remuant deux fois.

Verser les pâtes chaudes dans un grand plat de service. Ajouter les tomates, les courgettes, le basilic et les condiments. Bien mélanger.

Spaghetti à l'aubergine et à la tomate

Spaghetti pour 4 personnes

1 grosse aubergine, non pelée et coupée en dés

1 pincée de sel

2 cuil. à soupe d'huile d'olive

1 grosse gousse d'ail hachée

1 gros poivron rouge coupé en dés

3 grosses tomates (rouges ou jaunes) hachées

10 olives grecques Calamat, grossièrement hachées

Préparer les spaghetti de façon traditionnelle selon les instructions du paquet. Pendant ce temps, mettre l'aubergine dans une passoire. Saupoudrer de sel. Laisser dégorger 15 à 30 minutes. Rincer à l'eau et sécher avec du papier absorbant.

Mettre l'aubergine dans un plat de 3 litres. Arroser d'huile d'olive. Cuire sans couvrir à pleine puissance 5 minutes. Mélanger, réduire à puissance moyenne et cuire 5 à 10 minutes jusqu'à ce qu'elles soient tendres. Ajouter le poivron, les tomates et l'ail. Cuire sans couvrir 5 minutes, en remuant une fois. Ajouter les olives et cuire 1 minute de plus. Servir en versant sur les spaghetti chauds.

Pâtes Primavera

Linguine pour 4 personnes

150 g de petits pois surgelés

1 livre de petites asperges, coupées en morceaux

250 g de courgettes coupées en rondelles

1/4 de poivron rouge haché

1 cuil. à soupe d'huile d'olive

2 cuil. à soupe de basilic haché

4 cuil. à soupe de persil haché

Quelques feuilles d'épinard hachées

1 pincée de sel (facultatif)

1 pincée de poivre

Préparer les linguine de façon traditionnelle selon les instructions du paquet. Pendant ce temps, mettre les petits pois, les asperges, les courgettes et le poivron dans un plat de 2,5 litres. Arroser d'huile d'olive. Couvrir et cuire à pleine puissance 8 à 10 minutes jusqu'à ce que les légumes soient juste tendres, en remuant deux fois en cours de cuisson. Bien égoutter et sécher à l'aide de papier absorbant.

Dans un grand plat de service, mettre les légumes cuits, les pâtes, les herbes aromatiques et les épinards. Ajouter les épices et mélanger avec précaution. Servir chaud.

Pâtes à l'orientale

Linguine pour 4 personnes

300 g de fleurs de brocoli

150 g de pois gourmands

2 cuil. à soupe d'eau

Quelques gouttes de sauce au soja (faible teneur en sel)

1 cuil. à soupe d'huile de sésame

1 cuil. à soupe de graines de sésame

1 petit concombre coupé en fines rondelles

2 cuil. à soupe d'oignon vert haché

Cuire les linguine de façon traditionnelle selon les instructions du paquet. Pendant ce temps, mettre les brocoli, les pois gourmands et l'eau dans un plat de 2,5 litres. Couvrir et cuire à pleine puissance 6 à 8 minutes jusqu'à ce que les légumes soient juste tendres, en remuant deux fois en cours de cuisson. Égoutter. Dans un petit bol, mélanger la sauce au soja, l'huile et les graines de sésame.

Dans un grand plat peu profond, mettre les concombres, l'oignon vert, les légumes cuits, la sauce et les pâtes chaudes. Bien mélanger.

Fettucine aux asperges

700 g d'asperges épaisses, coupées en morceaux de 3 cm

1 cuil. à soupe d'huile d'olive

2 cuil. à soupe d'eau

2 cuil. à soupe d'oignon vert haché

250 g de champignons de Paris émincés

60 g de crème fraîche allégée

1 pincée de poivre noir

1 pincée d'estragon

450 g de fettucine cuits

Cuire les fettucine de façon traditionnelle selon les instructions du paquet. Pendant ce temps, mettre les asperges dans un plat de 2,5 litres et les arroser d'eau et d'huile. Couvrir et cuire à pleine puissance 6 à 8 minutes jusqu'à ce qu'elles soient juste tendres, en remuant deux fois en cours de cuisson.

Ajouter l'oignon et les champignons. Couvrir et cuire à pleine puissance 4 à 5 minutes jusqu'à ce que les champignons soient tendres. Ajouter la crème fraîche, le poivre, l'estragon et les fettucine chauds. Mélanger délicatement. Couvrir et réchauffer à puissance moyenne 3 à 4 minutes.

Spaghetti aux champignons sauvages

> 350 g de spaghetti crus (ou autre variété)
> 1 livre de chanterelles, nettoyées et émincées
> 1 cuil. à soupe d'huile d'olive
> 1 cuil. à soupe de margarine
> 1 filet de citron

Cuire les spaghetti de façon traditionnelle selon les instructions du paquet. Pendant ce temps, mélanger les champignons, l'huile, la margarine et le citron dans un plat de 3 litres. Cuire à pleine puissance 5 à 6 minutes jusqu'à ce que les champignons soient tendres, en remuant deux fois en cours de cuisson.

Égoutter les spaghetti, mélanger aux champignons et servir.

Poissons et Crustacés

Steaks de saumon

2 steaks de saumon (de 170 g chacun), épais d'1 cm environ
1 cuil. à soupe d'huile d'olive
1 cuil. à soupe de jus de citron
1 cuil. à café de sauce Worcestershire
1 pincée d'origan déshydraté
1 bonne pincée de paprika
1 bonne pincée d'aneth déshydraté

Badigeonner les tranches de saumon d'huile d'olive et recouvrir un côté du poisson avec la moitié du citron, sauce Worcestershire, origan, paprika et aneth. Couvrir et cuire à puissance moyenne 4 minutes jusqu'à ce que le poisson se raffermisse et qu'un liquide laiteux apparaisse à la surface.

Retourner les steaks. Couvrir avec le reste du jus de citron et herbes aromatiques. Couvrir et cuire à puissance moyenne 3 à 5 minutes.

Ragoût de poisson

1 petit oignon haché
1/3 litre de bouillon de volaille
1 boîte (420 g env.) de tomates entières, retirées de leur jus
2 épis de maïs, coupés en morceaux de 5 cm
120 g de chou-fleur
1 pincée de sel (facultatif)
500 g de filet ou tranche de poisson cuit
1 courgette moyenne coupée en morceaux

Mettre l'oignon dans un plat de 2,5 litres. Couvrir et cuire à pleine puissance 2 minutes jusqu'à ce qu'il soit tendre. Ajouter le bouillon, les tomates coupées en 4, le maïs, le chou-fleur et les condiments. Couvrir et cuire à pleine puissance 10 à 15 minutes jusqu'à ce que les légumes soient tendres, en remuant deux fois en cours de cuisson.

Couper le poisson en morceaux et l'ajouter dans le plat, ainsi que les courgettes. Couvrir et cuire à pleine puissance 3 à 4 minutes jusqu'à ce que le poisson soit entièrement cuit.

Moules au vin et à la sauce tomate

1 kg de moules nettoyées et grattées

2 cuil. à café d'huile d'olive

1 oignon émincé en anneaux

1 grosse gousse d'ail hachée

800 g de sauce tomate

1/2 verre de vin blanc sec

1 cuil. à café de basilic déshydraté

1 cuil. à café d'origan déshydraté

2 feuilles de laurier

Jeter les moules ouvertes ou excessivement lourdes. Les nettoyer soigneusement en les rinçant dans plusieurs eaux. La dernière eau de rinçage doit être propre.

Mettre l'huile, l'oignon et l'ail dans un plat de 3 litres. Couvrir et cuire à pleine puissance 2 à 3 minutes jusqu'à ce que l'oignon soit juste tendre. Ajouter la sauce tomate, le vin et les herbes aromatiques. Couvrir et cuire à pleine puissance 5 à 6 minutes jusqu'aux premiers bouillons, en remuant une fois en cours de cuisson.

Ajouter les moules, couvrir de nouveau et cuire à pleine puissance 4 à 6 minutes jusqu'à ce qu'elles s'ouvrent, en remuant au bout de 3 minutes. Jeter les moules non ouvertes.

Salade niçoise

2 cuil. à soupe d'eau

1/2 livre de haricots verts épluchés et coupés en 2

3 petites pommes de terre Rosa coupées en cubes

1/2 petit poivron rouge, finement émincé

1 boîte (230 g env.) de miettes de thon au naturel

1 bocal de cœurs d'artichaut égouttés et coupés en 2

1 cuil. à soupe de vinaigre de vin

Quelques feuilles de laitue

1 pincée de poivre

Mettre l'eau et les haricots dans un plat de 2 litres. Couvrir et cuire à pleine puissance 4 à 5 minutes jusqu'à ce qu'ils soient tendres. Rincer les haricots à l'eau froide et les mettre de côté dans un grand saladier.

Mettre les pommes de terre dans le plat à cuire. Couvrir et cuire à pleine puissance 6 à 7 minutes jusqu'à ce qu'elles soient tendres. Rincer à l'eau froide, égoutter et les ajouter aux haricots. Ajouter également l'oignon, le thon et les cœurs d'artichaut. Dans un petit bol, battre le vinaigre et l'huile. Verser sur les légumes et bien mélanger. Ajouter la laitue et mélanger de nouveau. Saupoudrer de poivre.

Filets de poisson sauce aux noix et persil

250 g de filets de poisson (cabillaud, colin ou flétan)

2 cuil. à soupe de jus de citron

1,5 cuil. à soupe d'huile d'olive

120 ml d'eau chaude

1/4 tablette de bouillon de légume

100 g de noix grossièrement hachées

1 bonne poignée de persil haché

1 pincée de sel

1 pincée de poivre

4 feuilles de persil pour la garniture

Disposer les filets de poisson dans un plat, sans les faire toucher, et replier les extrémités fines dessous. Arroser de jus de citron. Couvrir et cuire à puissance moyenne 8 à 12 minutes jusqu'à ce qu'il soit tendre. Laisser reposer couvert 5 minutes.

Dans un récipient, dissoudre le bouillon de légume dans l'eau. Ajouter l'huile, les noix, le persil, le sel et le poivre. Réchauffer à pleine puissance 2 minutes.

Au moment de servir, répartir les filets dans chaque assiette et verser la sauce dessus. Garnir d'une feuille de persil.

Crevettes à l'orientale

- 1 cuil. à soupe d'huile de sésame
- 2 gousses d'ail hachées
- 375 g de pois gourmands
- 375 g de pousses de soja
- 3 oignons verts coupés en petits morceaux
- 700 g de crevettes décortiquées
- 2,5 cuil. à soupe de sauce au soja (faible teneur en sel)
- 2 cuil. à café de gingembre frais râpé
- 2 cuil. à café de jus d'orange

Mettre l'ail et l'huile dans un plat rond de 2,5 litres et cuire à pleine puissance 30 secondes.

Ajouter les pois gourmands, les pousses de soja et les oignons et bien mélanger. Rassembler les légumes au centre du plat, en laissant un passage de 6 cm tout autour. Disposer les crevettes dans ce passage.

Dans un petit récipient, mélanger la sauce au soja, le gingembre et le jus d'orange. En arroser les crevettes et les légumes. Couvrir de papier sulfurisé et cuire à pleine puissance 5 à 7 minutes jusqu'à ce que les crevettes soient bien cuites, en remuant les légumes une fois en cours de cuisson.

Salade de poisson et poivron rouge

500 g de filets de poisson cuits, réduits en miettes
120 g de mayonnaise allégée
30 g d'oignon vert finement haché
1 filet de citron
1 poivron rouge coupé en petits dés
1 pincée d'aneth déshydraté
1 pincée de poivre

Mélanger tous les ingrédients et mettre à refroidir au réfrigérateur. Servir sur un lit de laitue ou en sandwich sur du pain de mie.

Filets de poisson à la sauce piquante

500 g de filets de poisson (flétan, colin ou cabillaud)
220 g de salsa (sauce mexicaine piquante)

Disposer les filets dans un grand plat à cuire. Replier les extrémités fines dessous. Verser la salsa sur le poisson. Couvrir et cuire à pleine puissance 4 à 6 minutes jusqu'à ce que le poisson soit bien cuit.

Crevettes Louisiane

2 branches de céleri finement hachées
1 poivron finement haché
1 gros oignon finement haché
1/2 cuil. à soupe d'huile d'olive
2 gousses d'ail
1 boîte (120 g env.) de champignons de Paris émincés
1 boîte (400 g env.) de tomates entières (faible teneur en sel)
220 g de crevettes fraîches ou surgelées, décortiquées
200 g de haricots rouges cuits
1 pincée de sel (facultatif)

1 pincée de poivre

1 cuil. à café de sauce Worcestershire

Dans un plat de 2 litres, mettre le céleri, le poivron, l'oignon, l'ail et l'huile. Couvrir et cuire à pleine puissance 7 à 8 minutes jusqu'à ce que les légumes soient tendres. Ajouter le reste des ingrédients. Couvrir et cuire à pleine puissance 2 minutes puis réduire à 50 % de la puissance et cuire 3 à 4 minutes.

Surimi au brocoli

220-350 g d'imitation de chair de crabe (ou surimi)

150 g de fleurs de brocoli

30 g de piment doux haché

60 g de chou-fleur haché

1 petit oignon émincé en anneaux

1/2 litre de substitut d'œuf

1 pincée de poivre

1 cuil. à café de persil déshydraté

50 g de cheddar allégé râpé (ou mimolette)

Disposer le surimi, les brocoli, le piment, le chou-fleur et l'oignon au fond d'un grand plat à cuire peu profond. Verser le substitut d'œuf dessus et saupoudrer de condiments. Couvrir et cuire à pleine puissance 6 à 8 minutes jusqu'à ce que les légumes soient tendres et que l'œuf soit pris. Saupoudrer de fromage et cuire à pleine puissance 15 secondes jusqu'à ce qu'il soit fondu.

Poisson blanc julienne de légumes

4 petites pommes de terre
2 petites courges ou un morceau de citrouille
2 carottes
1 courgette moyenne
2 cuil. à café de margarine
1 pincée de sel de céleri
1 pincée de poivre
1 pincée de thym
1 bonne pincée d'oignon en poudre
1 cuil. à soupe de vin blanc
1 livre de filets de poisson blanc

Couper les légumes en julienne. Les mettre dans un plat et les parsemer de margarine. Saupoudrer d'aromates et arroser de vin. Placer les filets de poisson dessus. Couvrir et cuire à pleine puissance 6 à 9 minutes en tournant le plat deux fois en cours de cuisson.

Filets de poisson sauce Teriyaki

500 g de filets de poisson blanc
60 ml de sauce Teriyaki (faible teneur en sel)
1 filet de citron
1 pincée d'ail déshydraté
1 pincée de poivre

Mettre les filets en une seule couche dans un plat à cuire, en repliant dessous les extrémités fines. Verser la sauce et le citron dessus et saupoudrer d'ail et de poivre. Couvrir et cuire à pleine puissance 3 à 5 minutes jusqu'à ce que le poisson soit bien tendre.

Poisson à l'oignon

> 500 g de filets de poisson (cabillaud, colin ou flétan)
>
> 2 cuil. à café d'huile d'olive
>
> 1 olgnon émincé en anneaux
>
> 1 pincée de poivre ou aromate au choix
>
> 1 pincée d'ail déshydraté
>
> 1 pincée d'oignon déshydraté
>
> 1/2 citron coupé en fines rondelles

Disposer l'oignon au fond d'un plat peu profond et verser une cuil. à café d'huile. Passer les filets de poisson dans les épices mélangés et les mettre sur les oignons. Les arroser avec le reste de l'huile et les recouvrir de rondelles de citron.

Couvrir et cuire à 70 % de la puissance 6 à 9 minutes, en réarrangeant les filets en milieu de cuisson. Laisser reposer 5 minutes.

Coquilles St Jacques aux champignons

> 1 petit oignon finement haché
>
> 40 g de céleri finement émincé
>
> 1 cuil. à soupe de piment doux haché
>
> 225 g de champignons de Paris émincés
>
> 1 gousse d'ail hachée
>
> 60 ml de vin blanc
>
> 1 cuil. à soupe de jus de citron
>
> 1 cuil. à café de moutarde de Dijon
>
> 1/4 tablette de bouillon de poulet
>
> 1 cuil. à soupe de farine
>
> 500 g de coquilles St Jacques, coupées en deux
>
> Garniture :
>
> 2 cuil. à soupe de chapelure
>
> 2 cuil. à soupe de parmesan râpé
>
> 1 pincée d'origan déshydraté
>
> 1 pincée de basilic déshydraté

Mélanger tous les ingrédients, sauf ceux de la garniture, dans un plat de 2,5 litres. Couvrir et cuire à puissance moyenne 7 à 12 minutes, en remuant toutes les 2 minutes. Les coquilles St Jacques doivent être opaques et s'émietter facilement. Dans un petit bol, mélanger les ingrédients de la garniture. En saupoudrer les coquilles St Jacques. Cuire sans couvrir 1 à 2 minutes à puissance moyenne. Servir immédiatement.

Poisson mariné

2 cuil. à soupe d'huile d'olive
1 pincée de sel
1 gousse d'ail hachée
75 ml de sauce tomate
1 pincée de chili en poudre
1 petite pincée d'origan
Quelques gouttes de sauce Worcestershire
500 g de filets de poisson

Dans un petit bol, mélanger tous les ingrédients sauf le poisson. Verser le contenu dans un sac en plastique. Y ajouter le poisson et laisser mariner au réfrigérateur 30 à 60 minutes, en retournant le sac une fois. Disposer les filets dans un plat, en repliant dessous les extrémités fines. Couvrir et cuire à pleine puissance 3 à 5 minutes, en les changeant de place en milieu de cuisson.

Croquettes de mer

1 livre de requin frais ou surgelé, coupé en cubes de 3 cm
120 ml de sauce vinaigrette à l'italienne
40 g de chapelure
30 g de fromage Romano allégé
1 bonne pincée de persil déshydraté
1 pincée de paprika
Quelques rondelles de citron pour la garniture

Rincer le requin et le sécher dans du papier absorbant. Verser la sauce salade dans un bol. Mettre la chapelure, le fromage, le persil et le paprika dans une grande assiette plate. Tremper les morceaux de requin dans la sauce, puis les rouler dans la chapelure.

Disposer le requin dans une assiette. Cuire sans couvrir à pleine puissance 2 minutes. Redisposer les morceaux et cuire à pleine puissance 1 à 2 minutes. Garnir de citron.

Morue farcie

> 1 cuil. à café de margarine
>
> 120 g de champignons de Paris émincés
>
> 50 g d'oignon vert finement haché
>
> 75 g de chapelure
>
> 60 ml de substitut d'œuf
>
> 1 gousse d'ail hachée
>
> 2 cuil. à soupe de jus de citron
>
> 500 g de filets de morue (ou cabillaud, sole ou flet)
>
> 1 pincée de persil déshydraté
>
> 1 pincée de paprika

Rincer les filets et les sécher avec du papier absorbant. Arroser les deux côtés de citron. Laisser de côté au réfrigérateur.

Faire ramollir la margarine à pleine puissance pendant 20 secondes. Y ajouter les champignons et les oignons et cuire à pleine puissance 2 à 3 minutes jusqu'à ce que les légumes soient juste tendres. Ajouter la chapelure, le substitut d'œuf et l'ail.

Étaler le mélange sur chaque filet de poisson en laissant un bord de 1,5 cm. Rouler les filets et les fermer à l'aide d'un cure-dent. Les disposer fermeture dessous dans un plat carré. Saupoudrer de persil et de paprika. Couvrir de papier sulfurisé et cuire à pleine puissance 7 à 9 minutes jusqu'à ce que le poisson soit bien tendre.

Poisson aux fines herbes

120 ml de sauce vinaigrette à l'italienne allégée

100 g de chapelure

1 livre de filets de poisson

1 pincée d'aneth déshydraté

1 pincée de marjolaine déshydratée

Passer chaque côté des filets dans la vinaigrette, puis dans l'assiette contenant la chapelure. Mettre les filets dans un plat à cuire en repliant les extrémités fines dessous. Couvrir de papier sulfurisé et cuire à pleine puissance 4 à 6 minutes, en les retournant au bout de 2 minutes.

Flétan aux asperges

250 g de filets de flétan

250 g de pointes d'asperge

1/2 citron

1 pincée de sel ou aromate au choix

Mettre les asperges au fond d'un plat et les recouvrir de poisson. Arroser de citron et saupoudrer de sel ou aromate. Couvrir et cuire à pleine puissance 4 à 5 minutes jusqu'à ce que les filets les plus épais soient opaques. Laisser reposer 5 minutes.

Filets de poisson sauce moutarde

2 cuil. à soupe de yaourt nature sans matières grasses

2 cuil. à soupe de moutarde de Dijon

2 cuil. à soupe de sauce vinaigrette à l'italienne allégée

60 g d'oignon haché

1 pincée de poivre fraîchement moulu

25 g de pignons

500 g de filets de poisson

Mélanger les 6 premiers ingrédients dans un petit bol. Laisser de côté.

Mettre les filets dans un plat, en repliant les extrémités fines dessous. Couvrir de papier sulfurisé et cuire à pleine puissance 3 à 6 minutes, en tournant le plat une fois, jusqu'à ce que le poisson soit bien tendre. Laisser reposer 3 minutes.

Réchauffer la sauce à la moutarde à puissance moyenne 3 à 4 minutes. La verser sur le poisson et servir.

Requin mariné aux poivrons et tomates

> 500 g de requin coupé en cubes de 3 cm
>
> 1 gros poivron vert coupé en morceaux de 3 cm
>
> 1 oignon coupé en rondelles
>
> 375 g de tomates cerise
>
> 4 cuil. à soupe de sauce au soja (faible teneur en sel)
>
> 1 filet de citron
>
> 1 pincée d'ail déshydraté

Mettre le requin, le poivron, l'oignon et les tomates dans un sac en plastique. Dans un petit bol, mélanger la sauce au soja, le citron et l'ail. Verser cette sauce dans le sac. Laisser mariner le tout au réfrigérateur 30 minutes, en retournant le sac une fois.

Verser le contenu du sac dans un plat. Couvrir et cuire à pleine puissance 5 à 7 minutes, en remuant une fois, jusqu'à ce que les légumes soient juste tendres.

Poisson et riz

300 g de riz blanc ou complet

60 g d'oignon haché

1/2 poivron rouge haché

1 cuil. à soupe de basilic déshydraté

1 pincée de persil déshydraté

1/4 tablette de bouillon de poulet

2 cuil. à soupe de jus de citron

1/3 litre d'eau

1 livre de filets de poisson

1 cuil. à soupe de margarine

1 pincée de paprika

Dans un plat, mélanger le riz, l'oignon, le poivron, les herbes, le bouillon de poulet, le citron et l'eau. Bien mélanger.

Disposer les filets de poisson sur le riz en repliant les extrémités fines dessous. Parsemer de margarine. Saupoudrer de paprika.

Couvrir et cuire à pleine puissance 10 à 12 minutes, en réarrangeant le poisson en milieu de cuisson. Laisser reposer, couvert, 5 minutes.

Steaks de flétan au parmesan

500 g de steaks de flétan

2 cuil. à soupe de vin blanc

1 cuil. à soupe d'huile d'olive

1 pincée d'origan déshydraté

1 pincée de poivre

1 cuil. à soupe de chapelure

1 cuil. à soupe de parmesan râpé

1 pincée d'ail déshydraté

Mettre les steaks de flétan dans un plat. Arroser de vin et d'huile. Saupoudrer d'origan, de poivre, de chapelure, de parmesan et d'ail. Couvrir de papier sulfurisé et cuire à pleine puissance 4 à 6 minutes, en réarrangeant le poisson en milieu de cuisson.

Filets de poisson aux épinards

- 1 gousse d'ail hachée
- 2 cuil. à soupe d'huile d'olive
- 1 livre d'épinards, queues enlevées, lavés et émincés
- 1 pincée de poivre
- 4 filets minces de poisson (environ 1 livre)
- 1 pincée de paprika pour la garniture

Mettre les 4 premiers ingrédients dans un grand plat. Bien mélanger. Couvrir de film étirable et cuire à pleine puissance 2 minutes. Disposer les épinards en 4 tas sur une grande assiette.

Rouler les filets de poisson, en laissant de l'espace au centre. Placer les filets, rebords dessous, sur les monticules d'épinard. Saupoudrer de paprika. Couvrir de papier sulfurisé et cuire à pleine puissance 7 à 9 minutes jusqu'à ce que le poisson soit bien tendre.

Steaks de saumon au concombre et aux câpres

(pour 2 personnes)

- 2 steaks de saumon (de 150 g chacun)
- 2 cuil. à soupe de vin blanc
- 1 pincée de poivre
- 60 g de concombre coupé en fines rondelles
- Quelques olives dénoyautées
- 3 cuil. à soupe d'oignon vert haché
- 1 cuil. à soupe de câpres pour la garniture, rincées

Mettre les steaks de saumon dans un plat peu profond. Arroser de vin et saupoudrer de poivre. Couvrir de papier sulfurisé et cuire à puissance moyenne 4 minutes. Réarranger les steaks et les retourner. Recouvrir de papier sulfurisé et cuire 3 à 5 minutes jusqu'à ce que le saumon soit parfaitement cuit.

Enlever les steaks du plat et les envelopper de papier aluminium pour les garder au chaud. Mélanger le concombre, les olives et l'oignon au jus de cuisson. Couvrir de papier sulfurisé et réchauffer à pleine puissance 1 à 2 minutes. Verser les légumes sur le saumon et garnir de câpres.

Poisson aux légumes

Plat unique.

> 4 pommes de terre moyennes Rosa
> 60 ml d'eau
> 2 cuil. à soupe d'huile d'olive
> 2 cuil. à café de margarine
> 1 oignon moyen émincé en anneaux
> 1 gousse d'ail hachée
> 1 gros poivron coupées en anneaux
> 2 courges coupées en fines rondelles
> 1 pincée de sel ou aromate au choix
> 700 g de filets de poisson blanc, coupé en 4 tranches
> 1 pincée de paprika

Dans un plat de 1,5 litre, mettre les pommes de terre et l'eau. Couvrir et cuire à pleine puissance 6 à 8 minutes jusqu'à ce qu'elles soient tendres. Laisser reposer jusqu'au moment de servir.

Dans un grand moule à tarte en verre, mélanger l'huile, la margarine, l'oignon et l'ail. Couvrir de film étirable et cuire à pleine puissance 1 minute pour faire fondre la margarine. Ajouter le poivron, la courge et les condiments. Recouvrir de film et cuire à pleine puissance 4 à 5 minutes jusqu'à ce que les légumes soient juste tendres, en remuant deux fois.

Disposer les filets au-dessus des légumes, près du bord du plat, les extrémités les plus fines vers l'extérieur. Recouvrir et cuire à puissance moyenne 8 à 12 minutes jusqu'à ce que le poisson s'émiette facilement avec une fourchette, en le retournant une fois en milieu de cuisson.

Au moment de servir, répartir les légumes dans 4 assiettes à soupe, les recouvrir de poisson, saupoudrer de paprika et ajouter une pomme de terre.

Pâtés de crabe

25 g de chapelure

1 pincée de paprika

2 cuil. à café de persil déshydraté

1,5 cuil. à soupe de margarine

500 g de chair de crabe cuite, sans cartilage, émiettée

60 ml de substitut d'œuf, battu

50 g de mayonnaise allégée

1 cuil. à soupe de jus de citron

1 cuil. à soupe de sherry

15 g d'oignon haché

1 gousse d'ail hachée

Quelques dés de poivron rouge

1/2 cuil. à café de moutarde de Dijon

Mettre la margarine dans un moule à tarte en verre et cuire à pleine puissance 30 à 40 secondes pour la faire fondre. Saupoudrer des 3/4 de chapelure, de paprika et de persil. Bien mélanger et étaler en une couche régulière. Cuire à pleine puissance 2 minutes 1/2 à 3 minutes, en remuant une fois. Laisser de côté.

Dans un grand récipient, mélanger le reste des ingrédients, en mélangeant soigneusement. Former 4 petits pâtés égaux, épais d'1 cm à peine. Disposer en cercle le long du rebord du plat. Saupoudrer du 1/4 restant de chapelure. Couvrir de papier absorbant et cuire à pleine puissance 7 à 9 minutes.

Poisson au chili

1 cuil. à soupe d'huile d'olive
1 gros oignon haché
1 gousse d'ail hachée
1 cuil. à soupe de chili en poudre
1 pincée de cumin
1 pincée de poivre de Cayenne
1 bonne pincée d'origan déshydraté
1 boîte (env. 450 g) de tomate pelées
1 boîte (env. 450 g) de haricots verts égouttés
1 poivron moyen haché
500 g de requin sans arêtes, coupé en cubes de 1,5 cm
2 cuil. à soupe de yaourt sans matières grasses

Dans un plat de 2,5 litres, mélanger l'huile, l'oignon et l'ail. Couvrir de papier sulfurisé et cuire à pleine puissance 3 minutes jusqu'à ce que l'oignon soit juste tendre. Ajouter le reste des ingrédients, sauf le requin. Couvrir de papier sulfurisé et cuire à pleine puissance 5 à 6 minutes jusqu'à ébullition, en remuant une fois.

Disposer les cubes de requin dans le plat, le long des bords. Couvrir de papier sulfurisé et cuire à puissance moyenne 6 à 8 minutes jusqu'à ce que le requin soit bien tendre. Verser le tout dans des assiettes creuses et garnir d'une cuillerée de yaourt.

Crevettes au vin blanc

700 g de crevettes décortiquées
1/4 litre de vin blanc
4 gousses d'ail hachées
1 cuil. à soupe de jus de citron
1 cuil. à café de sauce Worcestershire
1 pincée d'estragon
1 pincée de thym
1 poignée de persil frais haché pour la garniture

Mélanger tous les ingrédients sauf le persil dans un plat rond de 2,5 litres. Disposer les crevettes autour du bord, en laissant le centre vide. Couvrir et cuire à pleine puissance 5 à 8 minutes, jusqu'à ce que les crevettes soient roses, en remuant en milieu de cuisson. Au moment de servir, répartir les crevettes et le jus dans 4 bols et saupoudrer de persil.

Serviettes chaudes rince-doigts

Mélanger 1/2 litre d'eau et 1 cuil. à soupe de jus de citron. Plonger 4 petites serviettes éponge dans l'eau et essorer. Rouler les serviettes et les recouvrir de film étirable pour les garder humides jusqu'à utilisation.

Avant de s'en servir, passer les serviettes au micro-ondes 1 à 2 minutes pour les réchauffer. Enlever le film plastique et les disposer sur une assiette ou dans un panier.

Volailes

Poulet du Sud

60 g d'oignon haché
2 gousses d'ail hachées
1 bonne pincée de basilic déshydraté
1 pincée d'origan déshydraté
1 boîte (220 g env.) de sauce tomate
1/4 litre d'eau
60 ml de vin blanc
3 cuil. à soupe de farine
1 pincée de cumin moulu
1 pincée de chili en poudre
4 blancs de poulet

Mélanger l'oignon, l'ail, l'origan et le basilic dans une casserole et cuire à pleine puissance 1 minute. Ajouter la sauce tomate, l'eau et le vin, et bien mélanger. Couvrir et cuire à pleine puissance 3 minutes. Laisser reposer.

Mettre la farine et les épices dans un sac en plastique. Plonger le poulet dans le sac et remuer. Disposer les blancs de poulet recouvert de ce mélange dans un plat. Verser la sauce tomate dessus et couvrir de papier sulfurisé. Cuire à pleine puissance 5 minutes. Réduire à 30 % de la puissance et cuire 10 à 15 minutes.

Dinde orientale au sésame

4 carottes moyennes coupées en rondelles
300 g de riz complet
1/3 litre d'eau
1 cuil. à café de sauce au soja
1 cuil. à café de bouillon de poulet
1 cuil. à café de miel
500 g de dinde cuite fumée, coupée en petits morceaux
1 cuil. à soupe de graines de sésame

Mettre les carottes dans un récipient, couvrir et cuire à pleine puissance 4 minutes jusqu'à ce qu'elles soient juste tendres. Ajouter l'eau, le riz, la sauce au soja, le bouillon et le miel. Couvrir et cuire à pleine puissance 8 à 10 minutes jusqu'à ce que le riz soit tendre. Ajouter la dinde et les graines de sésame. Couvrir et cuire à pleine puissance 2 à 3 minutes. Laisser reposer 5 minutes.

Poulet sauce champignon

- 1 cuil. à soupe de margarine
- 2 cuil. à soupe de farine
- 2 cuil. à soupe de vin blanc
- 1 pincée de basilic déshydraté
- 1/4 cuil. à café de moutarde sèche
- 120 ml d'eau
- 1 yaourt nature sans matières grasses
- 1 tablette de bouillon de poulet
- 30 g d'oignon vert haché
- 220 g de champignons de Paris émincés
- 4 blancs de poulet

Mettre la margarine dans un récipient et cuire à pleine puissance 30 secondes jusqu'à ce qu'elle soit fondue. Ajouter le reste des ingrédients, sauf le poulet, et bien mélanger. Laisser de côté.

Disposer les blancs de poulet dans un plat, côtés épais vers l'extérieur. Couvrir et cuire à pleine puissance 7 minutes, en les réarrangeant en milieu de cuisson. Retirer la graisse. Verser la sauce aux champignons sur le poulet. Couvrir, réduire à puissance moyenne et cuire 6 à 10 minutes jusqu'à ce que la sauce épaississe légèrement, en remuant toutes les 2 minutes.

Blancs de dindonneau

Enlever la peau du dindonneau. Rincer et sécher dans du papier absorbant. Mettre les blancs dans un plat. Couvrir et cuire à puissance moyenne 10 à 12 minutes par livre, en les retournant en milieu de cuisson. La viande est cuite lorsqu'elle est opaque et que le jus qui en coule est clair.

Poulet à l'ail

4 morceaux de poulet, sans peau et sans graisse

1 cuil. à café d'eau

2 cuil. à café de Browning sauce (sauce américaine brune)

1 blanc d'œuf

2 gousses d'ail hachées

60 g d'oignon haché

1 pincée de poivre fraîchement moulu

Dans un petit bol, battre tous les ingrédients sauf le poulet. En badigeonner les morceaux de poulet et les placer dans un plat. Couvrir et cuire 6 à 7 minutes par livre, en réarrangeant le poulet deux fois. Laisser reposer 10 minutes.

Poulet aux pommes de terre nouvelles

Délicieux plat unique.

1 poulet à rôtir coupé en morceaux, sans peau ni graisse

1 pincée de poivre

1 bonne pincée de persil déshydraté

1 gros oignon émincé en anneaux

2 pommes de terre nouvelles moyennes, coupées en cubes

2 grosses carottes émincées

50 g de haricots verts surgelés, préalablement décongelés

2 cuil. à soupe d'eau

Disposer le poulet dans un plat, les côtés les plus épais vers l'extérieur. Saupoudrer d'herbes et d'épices. Mettre les légumes sur le poulet et arroser d'eau. Couvrir et cuire à 70 % de la puissance 20 à 25 minutes, en remuant deux fois en cours de cuisson.

Poulet grillé aux herbes

> 2 petits poulets (env. 700 g chacun)
>   coupé en deux dans le sens de la longueur
> 2 cuil. à soupe d'huile d'olive
> 1 pincée de persil déshydraté
> 1 pincée de sauge
> 1 pincée de romarin
> 1 pincée de thym

Préchauffer le grill d'un four traditionnel. Mettre les moitiés de poulet dans un grand plat sans les faire toucher. Couvrir de papier sulfurisé et cuire au micro-ondes à pleine puissance 8 minutes. Retourner, recouvrir et cuire à pleine puissance 8 minutes.

Dans un petit bol, mélanger l'huile et les herbes aromatiques. Disposer les poulets, côté peau en haut, sur le grill et badigeonner du mélange aux herbes. Cuire environ 4 minutes. Retourner les poulets et cuire 4 minutes supplémentaires jusqu'à ce qu'ils dorent.

Poulet au riz et aux légumes

300 g de riz complet
160 ml d'eau
1/2 tablette de bouillon de poulet
1 tomate moyenne émincée
40 g de céleri émincé
60 g de courgette émincée
1 oignon moyen haché
1 gousse d'ail hachée
1 pincée de poivre
3 blancs de poulet coupés en morceaux de 3 cm

Mettre tous les ingrédients dans un plat à cuire. Couvrir et cuire à pleine puissance 8 à 10 minutes jusqu'à ce que le poulet soit tendre et que le liquide soit absorbé. Remuer une ou deux fois en cours de cuisson.

Poulet aux pêches

2 pêches mûres, pelées et légèrement écrasées
1 cuil. à café de sucre ou du miel
1 filet de citron
2 cuil. à café de Maïzena
4 blancs de poulet
1 pincée de poivre
4 rondelles de citron
1 bonne pincée de persil

Dans un petit bol, mélanger les pêches et le miel (ou sucre). Ajouter la Maïzena et le citron. Cuire à pleine puissance 1 minute 1/2 à 2 minutes 1/2 jusqu'à ce que le mélange épaississe, en remuant une ou deux fois. Cuire le poulet à pleine puissance 6 à 10 minutes. Verser la sauce dessus et garnir de citron et persil.

Poulet Teriyaki

700 g de morceaux de poulet, sans peau ni graisse

Sauce :

60 ml de sauce Teriyaki

1 cuil. à soupe de jus de citron

1 pincée de gingembre moulu

1 cuil. à café de graines de sésame

Dans un bol, mélanger tous les ingrédients de la sauce. En badigeonner les morceaux de poulet. Mettre le poulet dans un plat, les plus gros morceaux vers l'extérieur. Couvrir et cuire à pleine puissance 9 à 12 minutes, en remuant et arrosant du jus de cuisson une fois. Laisser reposer 10 minutes.

Aubergine Romano

250 g de dinde hachée

150 g d'oignon haché

1/4 de petit poivron haché

1 pincée d'origan déshydraté

1 pincée de persil déshydraté

1 pincée de poivre de Cayenne

1 aubergine moyenne, coupée en rondelles de 1/2 cm

1 cuil. à soupe d'huile d'olive

1 bocal (420 g env.) de sauce tomate

2 cuil. à soupe de vin

2 cuil. à soupe de parmesan

Riz ou pâtes chaudes pour 4 personnes

Mettre les six premiers ingrédients dans une passoire adaptée au micro-ondes, placée au-dessus d'un récipient. Cuire à pleine puissance 4 à 5 minutes jusqu'à ce que la dinde ne soit plus rose, en remuant deux fois.

Disposer les rondelles d'aubergine dans un plat de 3 litres. Arroser d'huile d'olive. Couvrir et cuire à pleine puissance 5 minutes jusqu'à ce qu'elles soient tendres. Dans un récipient, verser la sauce tomate, la dinde cuite et le vin et mélanger. Verser cette sauce sur l'aubergine, couvrir et cuire à pleine puissance 8 à 10 minutes jusqu'à ébullition. Saupoudrer de parmesan. Servir sur le riz ou les pâtes chaudes.

Poulet au parmesan

700 g de morceaux de poulet, sans peau ni graisse

1 pincée de persil déshydraté

1 cuil. à soupe de parmesan râpé

25 g de chapelure

Rincer le poulet sans sécher. Le saupoudrer de persil, de fromage et de chapelure. Le disposer dans un plat, les plus gros morceaux vers l'extérieur. Couvrir de papier sulfurisé et cuire à pleine puissance 9 à 12 minutes, en réarrangeant les morceaux une fois. Laisser reposer 10 minutes.

Poulet farci au brocoli et ricotta

2 cuil. à café d'eau

250 g de brocoli, grossièrement haché

35 g de ricotta allégée

1 pincée d'ail déshydraté

1 pincée de romarin déshydraté

1 pincée de sel ou aromate au choix

2 gros blancs de poulet, coupés en deux et aplatis

2 cuil. à café de parmesan râpé

1 pincée de paprika

Mettre les brocolis dans un plat de 1,5 litre et arroser d'eau. Couvrir et cuire à pleine puissance 2 à 3 minutes jusqu'à ce qu'ils soient tendres. Égoutter. Mettre la ricotta dans un robot et réduire en purée. Y ajouter l'ail, le romarin, le sel et les brocolis cuits.

Déposer le mélange au centre de chaque tranche de poulet. Les rouler et les disposer rebords dessous dans un plat. Saupoudrer de fromage et de paprika. Cuire à puissance moyenne 6 à 8 minutes. Couper chaque rouleau en deux et servir.

Poulet Cacciatore

200 g de vermicelles

1 boîte (450 g env.) de tomates entières, coupées

220 g de champignons de Paris émincés

1 oignon moyen émincé en anneaux

60 ml de vin blanc sec

1 cuil. à soupe de concentré de tomate

1 pincée d'origan déshydraté

1 bonne pincée de basilic déshydraté

4 blanc de poulet

2 cuil. à soupe de fromage Romano râpé

Préparer les vermicelles de façon traditionnelle selon les instructions du paquet. Pendant ce temps, mélanger les tomates avec leur jus, les champignons, les oignons, le vin, le concentré de tomate et les condiments dans un plat de 2 litres. Couvrir et cuire à pleine puissance 5 à 6 minutes jusqu'à ce que les oignons soient tendres.

Disposer le poulet dans un plat, les côtés les plus épais vers l'extérieur. Verser la sauce aux légumes dessus et couvrir de papier sulfurisé. Cuire à pleine puissance 8 à 10 minutes, en réarrangeant les morceaux et en arrosant de sauce une fois en cours de cuisson. Servir avec des pâtes.

Poulet aux champignons et cœurs d'artichaut

4 blancs de poulet

220 g de champignons de Paris émincés

1 boîte (175 g env.) de cœurs d'artichaut
  égouttés et coupés en deux

1 pincée de sel ou aromate au choix (facultatif)

1 boîte (420 g env.) de tomates entières dans leur jus, coupées

1 cuil. à soupe de concentré de tomate

Disposer le poulet dans un plat de façon à ce que les morceaux ne se touchent pas, les côtés les plus épais vers l'extérieur. Les recouvrir de champignons et cœurs d'artichaut. Mélanger le concentré de tomate et les condiments aux tomates et verser dans le plat. Couvrir et cuire à 70 % de la puissance 20 à 25 minutes en réarrangeant et arrosant une fois en cours de cuisson.

Poulet au citron et chou-fleur

240 g de fleurs de chou-fleur

200 g de haricots verts surgelés

1 oignon moyen émincé

1 cuil. à soupe de jus de citron

3 cuil. à soupe de vin blanc

1 pincée de graines de céleri

1 bonne pincée de persil déshydraté

4 blancs de poulet

12 fines rondelles de citron

Mélanger tous les ingrédients sauf le poulet et les rondelles de citron dans un plat de 3 litres. Couvrir et cuire à pleine puissance 6 à 9 minutes jusqu'à ce que les légumes soient juste tendres, en remuant deux fois en cours de cuisson.

Mettre le poulet dans un plat, les côtés les plus épais vers l'extérieur, et le recouvrir de légumes. Garnir le tout de rondelles de citron. Couvrir de papier sulfurisé et cuire à pleine puissance 12 à 16 minutes. Réarranger les morceaux en milieu de cuisson.

Ragoût de dinde et courge

200 g de courge coupée en rondelles

120 g de champignons frais émincés

1 oignon moyen haché

1 grosse branche de céleri hachée

2 tranches de pain complet grillées et coupées en cubes

1 cuil. à soupe de persil frais haché

250 g de dinde cuite hachée

60 ml de substitut d'œuf ou 2 blancs d'œuf, battus

1 pincée de thym

1 pincée de sauge

1/3 litre de bouillon de poule

2 cuil. à soupe de farine

Mettre les courges, champignons, oignon et céleri dans un plat de 2,5 litres. Couvrir et cuire à pleine puissance 6 à 8 minutes jusqu'à ce que les légumes soient juste tendres, en remuant une fois en cours de cuisson. Ajouter le pain, les herbes aromatiques, la dinde et l'œuf. Bien mélanger.

Dans un bol, battre la farine et le bouillon jusqu'à ce que la farine soit complètement dissoute. Cuire à pleine puissance 3 à 4 minutes jusqu'à épaississement, en remuant vigoureusement toutes les minutes. Verser ce mélange sur le poulet et bien mélanger. Couvrir et cuire à pleine puissance 8 minutes jusqu'à ébullition.

Poulet mexicain pané

70 g de chapelure

2 cuil. à café d'épices par taco

4 blancs de poulet rincés

Mélanger la chapelure et les épices dans une assiette. Y rouler les blancs de poulet et les disposer dans un plat, les côtés les plus épais vers l'extérieur. Couvrir de papier sulfurisé et cuire à pleine puissance 5 à 7 minutes.

Bacon de dinde

(80 % moins gras que le bacon normal)

4 tranches de bacon de dinde

Mettre le bacon de dinde sur une assiette couverte de papier absorbant et couvrir d'une autre couche de papier absorbant. Cuire à pleine puissance 2 minutes 1/2 à 3 minutes.

Enchiladas à la dinde

375 g de dinde cuite, coupée en cubes

75 g de ricotta allégée

50 g d'oignon vert haché

1 pincée de sel (facultatif)

8 galettes de maïs (tortillas) amollies

Sauce :

1/3 litre de salsa fraîche (sauce mexicaine piquante)

1 pincée de cumin moulu

2 cuil. à soupe de concentré de tomate

25 g de cheddar allégé, râpé

Mélanger la dinde, la ricotta et l'oignon dans un récipient. Amollir les tortillas en les enveloppant de papier absorbant légèrement humidifié et en les passant au micro-ondes à pleine puissance pendant 1 minute. Verser 1/8 du mélange au centre de la tortilla et rouler. Les disposer rebord dessous dans un plat.

Mélanger les ingrédients de la sauce et verser sur les enchiladas. Couvrir de papier sulfurisé et cuire à pleine puissance 6 à 10 minutes, en tournant le plat au bout de 4 minutes. Saupoudrer de fromage râpé et faire fondre à puissance moyenne 1 minute.

Ragoût de poulet au gingembre

3 blancs de poulet

240 g de céleri haché

350 g de carottes émincées

1 gros poivron émincé

200 g d'oignon haché

2 cuil. à soupe de graines de sésame

Marinade :

120 ml de sauce Teriyaki

1 filet de citron

1 pincée de gingembre moulu

Dans un bol, mélanger la sauce Teriyaki, le citron et le gingembre. Mettre ce mélange et le poulet dans un sac en plastique et laisser refroidir au réfrigérateur 30 minutes, en retournant le sac une fois.

Disposer le poulet dans un plat, en gardant la marinade de côté. Cuire le poulet à pleine puissance 10 à 12 minutes et le laisser refroidir hors du plat. Dans le même plat, mettre les légumes, les graines de sésame et le reste de la marinade. Couvrir et cuire à pleine puissance 8 à 12 minutes jusqu'à ce que les légumes soient juste tendres, en remuant une fois.

Chili de poulet, maïs et haricots blancs
(pour 6 personnes)

1 branche de céleri hachée

1 poivron rouge émincé

1 piment jalapeño épépiné et émincé

1 gros oignon haché

2 gousses d'ail hachées

420 ml d'eau

1 tablette de bouillon de poulet

200 g de maïs surgelé

150 g de petits pois surgelés

1 bonne pincée de cumin

2 cuil. à café de chili en poudre

1 pincée de poivre

1 boîte (450 g env.) de haricots blancs

500 g de poulet cuit, coupé en morceaux de 3 cm

Dans un plat de 3 litres, mélanger le céleri, le poivron, le piment, l'oignon , l'ail et 60 ml d'eau. Couvrir et cuire à pleine puissance 4 à 6 minutes jusqu'à ce que les légumes soient tendres. Ajouter le reste de l'eau, la tablette de bouillon, le maïs et les petits pois encore surgelés, et les condiments. Couvrir et cuire à pleine puissance 8 à 10 minutes, en remuant deux fois. Ajouter les haricots et le poulet. Couvrir et cuire à pleine puissance 4 minutes. Réduire à puissance moyenne et cuire 15 minutes.

Chili aux haricots noirs et poulet

1 cuil. à soupe d'huile végétale
1 gousse d'ail hachée
1 oignon moyen haché
2 branches de céleri émincées
500 g de poulet sans os, coupé en cubes de 3 cm
2 cuil. à soupe de farine
1 boîte (380 g env.) de haricots noirs égouttés
1/2 litre de bouillon de poulet (faible teneur en sel)
1 ou 2 piments serrano ou jalapeño émincés
1 pincée de thym
1 pincée de cumin moulu
1 petite pincée de sel
1 petite pincée de poivre

Dans un plat de 2 litres, mettre l'huile, l'ail, l'oignon et le céleri. Couvrir et cuire à pleine puissance 3 à 4 minutes jusqu'à ce que l'oignon soit tendre. Ajouter le poulet et saupoudrer de farine. Mélanger. Couvrir et cuire à pleine puissance 4 à 5 minutes, en remuant une fois pour déplacer les morceaux du centre vers l'extérieur. Ajouter le reste des ingrédients. Couvrir et cuire à pleine puissance 6 à 7 minutes, en remuant une fois.

Pilons de poulet barbecue

50 g d'oignon haché
2 cuil. à soupe de céleri émincé
1 cuil. à café de moutarde de Dijon
1 cuil. à café de sauce Worcestershire
1 pincée de poivre
180 cl de sauce barbecue
8 pilons de poulet sans peau

Mélanger tous les ingrédients sauf le poulet dans un récipient. Mettre les pilons de poulet dans un plat peu profond, sans les faire toucher, les côtés les plus épais vers l'extérieur. Les badigeonner de 1/3 de la sauce. Couvrir et cuire à pleine puissance 5 minutes. Réarranger le poulet et le couvrir du reste de la sauce. Couvrir légèrement et cuire 1 à 5 minutes jusqu'à ce que le poulet soit cuit et la sauce chaude.

Poulet au citron et au raisin

> 80 ml de jus de citron
> 120 ml d'eau
> 1 cuil. à café de sauce Worcestershire
> 1 pincée d'ail en poudre
> 1 pincée de poivre
> 4 blancs de poulet
> 125 g de grains de raisin blanc sans pépins,
>   coupés en deux dans le sens de la longueur
> 1 pincée de persil frais pour la garniture

Dans un bol, mélanger les 5 premiers ingrédients pour faire la marinade. Cuire à pleine puissance 1 à 2 minutes. Verser dans un sac en plastique et ajouter le poulet. Mettre au réfrigérateur 1 à 2 heures.

Mettre le poulet dans un plat de 2 litres, les côtés les plus épais vers l'extérieur. Arroser de 1 à 2 cuil. à soupe de marinade. Couvrir et cuire à pleine puissance 10 à 12 minutes, en réarrangeant et arrosant de 1 à 2 cuil. à soupe de marinade deux fois. Ajouter les grains de raisin 2 minutes avant la fin de la cuisson. Garnir de persil et servir.

Curry de poulet aux dates

360 ml de bouillon de poule

1 cuil. à soupe d'huile de tournesol

150 g d'oignon haché

1 gousse d'ail

150 g de petits pois surgelés

1 cuil. à soupe de curry en poudre

2 cuil. à soupe de farine

500 g de blanc de poulet coupé en cubes de 3 cm

6 cuil. à soupe de dates dénoyautées et hachées

Riz chaud pour 4 personnes

Cuire le riz de façon traditionnelle selon les instructions du paquet. Pendant ce temps, verser le bouillon dans un récipient et réchauffer à pleine puissance 3 minutes. Laisser de côté.

Dans un plat de 3 litres, verser l'huile, l'oignon, l'ail et les petits pois. Couvrir et cuire à pleine puissance 3 à 4 minutes jusqu'à ce que les légumes soient juste tendres, en remuant une fois. Saupoudrer de farine et bien mélanger. Verser précautionneusement le bouillon sur les légumes et mélanger. Couvrir et cuire à pleine puissance 4 à 5 minutes jusqu'à ébullition, en remuant deux fois.

Ajouter le poulet et presque toutes les dates. Bien mélanger. Couvrir et cuire à pleine puissance 5 à 7 minutes en remuant une fois. Laisser reposer 5 minutes.

Servir avec du riz et garnir du reste des dates.

Dinde au chili et aux tortilla chips

(pour 6 personnes)

- 1 cuil. à café d'huile d'olive
- 1/2 petit poivron rouge ou vert émincé
- 80 g d'oignon haché
- 1 gousse d'ail hachée
- 1 branche de céleri émincée
- 1 pincée de cumin
- 1/4 litre d'eau bouillante
- 1/2 tablette de bouillon de bœuf
- 3 cuil. à soupe de farine
- 4 + 2 cuil. à soupe de piment chili vert en boîte, émincé
- 2 blancs d'œuf
- 2 yaourts nature sans matières grasses
- 250 g de dinde cuite hachée
- 1 paquet de tortilla chips (faible teneur en sel)
- 1 petit verre d'olives mûres émincées
- 30 g d'oignon vert haché
- 1 petite tomate coupée en dés

Dans un grand plat, mélanger l'huile, le poivron, l'oignon, l'ail et le cumin. Couvrir et cuire à pleine puissance 2 minutes jusqu'à ce que les légumes soient tendres.

Dissoudre le bouillon de bœuf dans l'eau bouillante et verser sur les légumes. Saupoudrer de farine, ajouter les piments et bien mélanger. Couvrir et cuire à pleine puissance 2 minutes 1/2 à 3 minutes, en remuant une fois en cours de cuisson. Dans un récipient, battre les blancs d'œuf. Y ajouter les yaourts, le poulet et le mélange de légumes. Mélanger. Verser les chips au fond du plat. Les écraser légèrement avec la main pour former une couche régulière. Verser la sauce au poulet dessus, en recouvrant complètement les chips. Couvrir et cuire à 70 % de la puissance 10 à 12 minutes, en tournant le plat en milieu de cuisson. Au moment de servir, garnir d'olives, d'oignon vert, de tomate et du reste des piments.

Dinde Stroganoff

Boulettes de viande :
50 g de chapelure
1 cuil. à soupe de persil déshydraté
1 pincée de poivre
30 g d'oignon haché
2 blancs d'œuf, légèrement battu
500 g de dinde hachée

Sauce :
220 g de champignons de Paris émincés
30 g d'oignon vert haché
360 ml de lait écrémé
1 yaourt nature sans matières grasses
4 cuil. à soupe de farine
60 ml de vin blanc

Riz ou nouilles chaudes pour 4 personnes

Préparer le riz ou les nouilles de façon traditionnelle selon les instructions du paquet. Pendant ce temps, mélanger la chapelure, le persil, le poivre, l'oignon et les blancs d'œuf dans un récipient. Ajouter la dinde et bien mélanger. Former environ 40 boulettes de 3 cm. Les mettre dans un plat et cuire sans couvrir à pleine puissance 5 à 7 minutes, en réarrangeant les boulettes en milieu de cuisson. Laisser de côté.

Dans un récipient, battre le lait, le yaourt, la farine et le vin. Ajouter les champignons. Couvrir et cuire à pleine puissance 4 à 6 minutes en remuant toutes les 1 minute 1/2. Ajouter la sauce aux boulettes de viande, en les arrosant bien. Couvrir et cuire à pleine puissance 5 à 7 minutes, en remuant deux fois. Servir avec du riz long grain ou des nouilles.

Chili de dinde aux haricots noirs

1 oignon moyen haché

500 g de dinde hachée

1 poivron émincé

1 boîte (800 g env.) de tomates concassées

1 boîte (420 g env.) de haricots noirs rincés

120 g de champignons de Paris émincés

2 cuil. à café de chili en poudre

1 cuil. à café de cumin

1 pincée d'origan déshydraté

1 pincée de poivre

Mettre l'oignon, la dinde et le poivron dans une passoire spécial micro-ondes, placée au-dessus d'un récipient. Cuire à pleine puissance 5 à 6 minutes jusqu'à ce que la dinde ne soit plus rose, en mélangeant deux fois.

Verser la viande dans un plat de 3 litres et ajouter le reste des ingrédients. Couvrir de papier sulfurisé et cuire à pleine puissance 5 minutes. Réduire à 30 % de la puissance et laisser mijoter 30 minutes.

Gratin de pommes de terre à la tomate

1 boîte (450 g env.) de tomates pelées

1 pincée de poivre

1 pincée de basilic déshydraté

5 petites pommes de terre nouvelles coupées en rondelles

500 g de dinde grossièrement hachée

75 g de cheddar râpé (ou mimolette)

Dans un plat de 3 litres, mélanger les tomates, le poivre, le basilic et les pommes de terre. Couvrir et cuire à pleine puissance 14 à 16 minutes en remuant deux fois. Ajouter la dinde, recouvrir et cuire à pleine puissance 8 à 12 minutes jusqu'à ce que la viande soit cuite, en remuant délicatement une fois en cours de cuisson.

Ajouter la moitié du fromage et mélanger. Saupoudrer du reste du fromage et laisser reposer 10 minutes.

Poulet à l'italienne

(pour 6 personnes)

Riz ou pâtes pour 6 personnes
1 poulet de 1,5 kg, coupé en morceaux, sans peau ni graisse
1 bocal (1 litre env.) de sauce tomate
250 g de champignons de Paris émincés
1 gros poivron vert coupé en bâtonnets
1 tomate moyenne grossièrement hachée
60 ml de vin blanc
2 cuil. à soupe de fromage Romano râpé pour la garniture

Préparer le riz ou les pâtes de façon traditionnelle selon les instructions du paquet. Pendant ce temps, mettre le poulet dans un plat de 3 litres. Couvrir et cuire à pleine puissance 15 minutes, en remuant deux fois. Retirer la graisse. Dans un grand récipient, mélanger la sauce tomate, les champignons, le poivron, la tomate et le vin. Verser cette sauce sur le poulet. Couvrir soigneusement et cuire à pleine puissance 7 à 12 minutes jusqu'à ce que les légumes soient tendres et que le poulet soit cuit, en remuant une fois. Servir avec du riz ou des pâtes.

Chili épicé

(pour 8 personnes)

500 g de dinde dégraissée hachée
1 poivron vert émincé
1 gros oignon haché
3 gousses d'ail hachées
1 boîte (120 g env.) de piments chili verts, égouttés et émincés
1 feuille de laurier
1 cuil. à café de cumin
1 cuil. à soupe de chili en poudre
1 cuil. à café de paprika
1 cuil. à café d'origan
1 boîte (800 g env.) de sauce tomate (faible teneur en sel)
2 boîtes (450 g env.) de haricots rouges

Mettre la dinde dans une passoire adaptée au micro-ondes, placée au-dessus un récipient. Cuire à pleine puissance 6 à 8 minutes en remuant deux fois en cours de cuisson.

Dans un plat de 3 litres, mélanger la dinde, le poivron, l'oignon, l'ail et les piments. Couvrir et cuire à pleine puissance 4 à 5 minutes jusqu'à ce que les légumes soient tendres, en remuant une fois en cours de cuisson.

Ajouter le reste des ingrédients. Bien mélanger. Couvrir et cuire à pleine puissance 10 à 12 minutes jusqu'à ébullition. Réduire à 30 % de la puissance et laisser mijoter 45 minutes.

Hamburgers à la dinde

500 g de dinde hachée
50 g de chapelure
1 pincée de poivre
1 cuil. à soupe de persil déshydraté
120 ml de lait écrémé
1 cuil. à café de sauce Worcestershire
60 g d'oignon hachés

Dans un récipient, mélanger tous les ingrédients. Former des hamburgers de 3 cm d'épaisseur. Les disposer dans un plat peu profond, sans les faire toucher. Couvrir et cuire à pleine puissance 5 à 7 minutes.

Servir entre des pains à hamburger à la farine complète.

Variantes : garnir d'avocat, de champignons cuits ou de fromage allégé.

Riz mexicain

250 g de dinde hachée
70 g d'oignon vert haché
1 cuil. à soupe de persil chinois
1 boîte (220 g env.) de sauce tomate
100 g de salsa (sauce mexicaine piquante)
1 pincée d'oignon déshydraté
1 pincée de poivre
1 bol de riz complet cuit
Quelques feuilles de laitue
3 petites tomates hachées
60 g de cheddar râpé allégé (ou mimolette) pour la garniture
Quelques olives dénoyautées pour la garniture

Mettre la dinde, l'oignon et le persil chinois dans une passoire adaptée au micro-ondes, placée au-dessus d'un récipient. Cuire à pleine puissance 3 à 5 minutes jusqu'à ce que la viande ne soit plus rose, en remuant deux fois en cours de cuisson.

Mélanger cette préparation à la sauce tomate, salsa, ail et poivre, dans un plat de 2 litres. Couvrir et cuire à pleine puissance 4 à 5 minutes jusqu'à ébullition. Ajouter le riz et laisser reposer 5 minutes. Répartir la laitue et les tomates dans 4 assiettes. Verser 1/4 du mélange à la dinde dans chacune. Garnir de fromage et d'olives.

Ragoût de haricots verts

500 g de dinde hachée

3/4 litre d'eau bouillante

200 g de haricots verts

350 g de carottes coupées en rondelles

300 g de pommes de terre pelées, en cubes de 1,5 cm

1 tablette de bouillon de poule

1 pincée d'ail en poudre

1 cuil. à café de persil déshydraté

1 pincée de poivre

Mettre la dinde hachée dans une passoire adaptée au micro-ondes, placée au-dessus d'un récipient. Cuire à pleine puissance 5 à 7 minutes jusqu'à ce que la viande ne soit plus rose, en remuant deux fois en cours de cuisson.

Dans un plat de 3 litres, verser 1/4 litre d'eau bouillante. Ajouter les haricots et les carottes. Couvrir et cuire à pleine puissance 5 minutes. Ajouter les pommes de terre, couvrir de nouveau et cuire à pleine puissance 5 minutes supplémentaires.

Ajouter le reste de l'eau bouillante, le bouillon de poulet, l'ail, l'oignon, les condiments et la dinde cuite. Couvrir légèrement et cuire à pleine puissance 5 à 10 minutes jusqu'à ce que les légumes soient tendres.

Spaghetti à la dinde hachée

(pour 6 personnes)

500 g de dinde hachée
2 cuil. à soupe d'huile d'olive
4 gousses d'ail hachées
1 gros oignon haché
1 poivron vert émincé
1 boîte (400 g env.) de tomates écrasées
1 boîte (420 g env.) de sauce tomate
2 cuil. à soupe de concentré de tomate
2 cuil. à café d'origan déshydraté
1 cuil. à café de basilic déshydraté
1 pincée de paprika
1 bonne poignée de persil frais haché
1 pincée de poivre de Cayenne
1 pincée de sel
1 pincée de poivre
Spaghetti chauds pour 6 personnes
25 g de parmesan râpé pour la garniture

Cuire les spaghetti de façon traditionnelle selon les instructions du paquet.

Pendant ce temps, mettre la dinde hachée dans une passoire spécial micro-ondes, placée au-dessus d'un récipient. Cuire à pleine puissance 6 à 8 minutes jusqu'à ce qu'elle ne soit plus rose, en remuant deux fois en cours de cuisson.

Mélanger la dinde et le reste des ingrédients dans un plat de 3 litres. Couvrir de papier sulfurisé et cuire à pleine puissance 10 minutes, puis réduire à 30 % de la puissance et cuire 30 à 40 minutes jusqu'à ce que la sauce épaississe, en remuant de temps en temps.

Verser la sauce sur les spaghetti chauds, saupoudrer de fromage et servir.

Viandes

Côtelettes d'agneau aux pommes de terre

6 petites pommes de terre nouvelles, coupées en quatre

80 G de céleri émincé

1 pincée de thym

8 fines côtelettes d'agneau de 100 g

1 oignon émincé en anneaux

1 pincée de poivre

1 pincée d'ail en poudre

Répartir dans quatre petites assiettes creuses une couche de 1/4 de pommes de terre, céleri et thym.

Dégraisser les côtelettes et en mettre 2 sur chaque assiette, au-dessus des légumes. Garnir d'oignon et saupoudrer de poivre. Couvrir et cuire à pleine puissance 10 minutes. Tourner les assiettes en milieu de cuisson.

Réduire à 30 % de la puissance et cuire 20 à 25 minutes jusqu'à ce que la viande et les légumes soient tendres, en tournant les assiettes en milieu de cuisson. Arroser la viande et les légumes du jus de cuisson.

Ragoût de bœuf à l'orientale

500 g de rôti de bœuf dans le paleron, dégraissé, piqué à l'aide d'une fourchette et coupé en morceaux de 1,5 cm

1/2 cuil. à café de gingembre moulu

1 tablette de bouillon de bœuf

1/2 litre d'eau chaude

60 ml de sauce Teriyaki allégée

1 gros oignon émincé en anneaux

1 petit poivron rouge émincé

1 petit bocal de germes de soja

300 g de pois gourmands surgelés

120 g de champignons de Paris émincés

Mettre la viande dans un plat de 3 litres. Dissoudre le bouillon dans l'eau chaude et ajouter le gingembre et la sauce Teriyaki. Verser sur la viande. Ajouter les oignons. Couvrir et cuire à pleine puissance 10 minutes, en remuant deux fois et en gardant la viande couverte de jus.

Réduire à 30 % de la puissance, et cuire 40 à 50 minutes en remuant deux fois.

Lorsque la viande est tendre, ajouter le poivron, les germes de soja et les pois gourmands, en les couvrant de viande et de jus. Couvrir et cuire à puissance moyenne 10 à 12 minutes jusqu'à ce que les légumes soient tendres. Retirer la graisse et servir.

Boulettes de viande en ragoût

> 500 g de bœuf haché maigre
> 1 petit oignon émincé
> 25 g de flocons d'avoine instantanés
> 60 ml de lait écrémé
> 1 cuil. à café de basilic déshydraté
> 1 pincée de poivre
> 1 courgette moyenne émincée
> 2 petites courges émincées
> 100 g de haricots verts surgelés
> 2 cuil. à soupe d'eau
> 1/4 litre de sauce tomate
> 1 cuil. à café de chili en poudre

Mélanger le bœuf, l'oignon, les flocons d'avoine, le lait, le basilic et le poivre dans un récipient. Former 8 boulettes de viande. Les mettre dans un plat à cuire. Couvrir et cuire à pleine puissance 6 minutes jusqu'à ce que la viande ne soit plus rose, en remuant une fois. Égoutter.

Dans un plat de 2 litres, mélanger la courgette, la courge, les haricots verts et l'eau. Couvrir et cuire à pleine puissance 6 à 8 minutes jusqu'à ce que les légumes soient tendres, en remuant une fois en cours de cuisson.

Ajouter doucement la sauce tomate, le chili et les boulettes de viande. Couvrir et cuire à pleine puissance 3 à 5 minutes.

Poivrons farcis à l'italienne

> 1 petit bol de riz complet cuit
> 220 g de bœuf haché maigre
> 1 petite courgette émincée
> 6 champignons de Paris émincés
> 1 petit oignon haché
> 125 g de tomates épépinées
> 1 pincée d'origan déshydraté
> 2 gros poivrons verts coupés en deux dans le sens
>   de la longueur
> 3 cuil. à soupe d'olives noires émincées
> 1/2 yaourt nature sans matières grasses
> 1 pincée paprika

Préparer le riz de façon traditionnelle selon les instructions du paquet. Pendant ce temps, mettre la viande dans une passoire adaptée au micro-ondes, placée au-dessus d'un récipient. Ajouter les courgettes et les oignons. Cuire à pleine puissance 3 à 4 minutes jusqu'à ce que la viande ne soit plus rose. Transférer la préparation dans un récipient et ajouter le riz, les tomates et l'origan. Laisser de côté. Disposer les poivrons, côtés coupés dessous, sur une assiette. Couvrir et cuire à pleine puissance 3 à 5 minutes jusqu'à ce qu'ils soient tendres et égoutter.

Retourner les poivrons et les remplir de la préparation. Couvrir et réchauffer à pleine puissance 5 à 7 minutes. Garnir de yaourt, olives et paprika.

Bifteck en sauce

500 g de bifteck maigre coupé en morceaux
2 cuil. à soupe de farine
1 pincée de sel ou aromate au choix (facultatif)
1 pincée d'ail en poudre
1 pincée de poivre
1 oignon émincé en anneaux
1 branche de céleri émincée
1/4 litre d'eau chaude
1/2 tablette de bouillon de bœuf
1 cuil. à café de sauce Worcestershire

Dans un plat peu profond, mettre la farine, le sel, l'ail et le poivre. Rouler la viande dans ce mélange et la mettre dans un plat. Garnir d'oignon et de céleri.

Dissoudre le bouillon dans l'eau chaude, ajouter la sauce Worcestershire et verser sur les steaks. Couvrir et cuire à pleine puissance 5 minutes. Réduire à 50 % de la puissance et cuire 20 à 25 minutes, en les réarrangeant en milieu de cuisson.

Jambon à l'ananas

1 boîte (220 g env.) d'ananas en morceaux dans
   leur jus (sans sucre rajouté)
1 cuil. à café de Maïzena
1 cuil. à café de sucre vergeoise
1 tranche de jambon maigre (500 g env.) de 1,5 cm d'épaisseur

Dans un petit récipient, dissoudre la Maïzena avec une petite quantité de jus d'ananas. Ajouter le reste du jus d'ananas, les morceaux d'ananas et le sucre. Cuire à pleine puissance 1 à 2 minutes. Laisser de côté. Mettre la tranche de jambon dans un plat. Couvrir de papier sulfurisé et cuire à puissance moyenne 5 minutes. Enlever le papier et verser le mélange à l'ananas dessus. Réchauffer à puissance moyenne 2 à 3 minutes.

Côtelettes de porc mexicaines

>3 cuil. à soupe d'aromates pour taco
>50 g de chapelure
>4 côtelettes de porc dégraissées

Mettre les aromates et la chapelure dans un sac en plastique. Y plonge une côtelette à la fois et agiter. Disposer les côtelettes dans un plat et recouvrir de papier sulfurisé. Cuire à 70 % de la puissance moyenne 10 minutes. Retourner les côtelettes et cuire 12 à 16 minutes supplémentaires.

Veau à la mozzarelle

>500 g de côtelettes de veau de 1/2 cm d'épaisseur
>1 oignon moyen émincé en anneaux
>3 cuil. à soupe d'eau chaude
>3 cuil. à soupe de vin blanc
>2 cuil. à soupe de concentré de tomate
>1 pincée d'ail en poudre
>1 pincée de basilic en poudre
>1 yaourt nature sans matières grasses
>50 g de mozzarelle allégée, râpée
>1 bonne poignée de persil frais haché

Dans un plat, disposer le veau en une seule couche et le recouvrir d'oignon. Laisser de côté.

Dans un récipient, mélanger le vin, l'eau, le concentré de tomate, l'ail et le basilic. Cuire à pleine puissance 2 à 3 minutes jusqu'à épaississement, en remuant toutes les minutes. Ajouter le yaourt, mélanger et verser sur le veau. Couvrir et cuire à puissance moyenne 10 à 14 minutes, en réarrangeant en milieu de cuisson. Saupoudrer de mozzarelle et de persil et cuire 1 minute à puissance moyenne jusqu'à ce que le fromage soit fondu.

Bœuf aux pommes de terre nouvelles

300 g de bifteck, dégraissé, coupé en morceaux de 1,5 cm
1 gros oignon émincé en anneaux
1/3 litre d'eau
180 ml de vin de Bourgogne
1 cuil. à soupe de concentré de tomate
1 tablette de bouillon de bœuf
2 pommes de terre nouvelles moyennes coupées en dés
1 feuille de laurier
1 pincée de thym
1 grosse tomate hachée
1 grand bol de nouilles cuites chaudes

Préparer les nouilles de façon traditionnelle selon les instructions du paquet. Pendant ce temps, mettre le bifteck, l'oignon, l'eau, le vin, le concentré de tomate, le bouillon, les pommes de terre, le laurier et le thym dans un plat de 2,5 litres. Bien mélanger et s'assurer que la viande soit recouverte du jus. Couvrir et cuire à pleine puissance 10 minutes. Réduire à 30 % de la puissance et cuire 55 à 65 minutes jusqu'à ce que la viande soit cuite et que les légumes soient tendres, en remuant deux fois en cours de cuisson. Ajouter la tomate hachée et laisser reposer 10 minutes. Servir avec des nouilles chaudes.

Veau au riz

4 côtelettes de veau dégraissées
2 oignons verts hachés
200 g de riz complet
2 petites courges émincées
1 pincée d'origan déshydraté
1 pincée de basilic déshydraté
1/4 litre de jus de tomate (faible teneur en matières grasses)
220 g de champignons de Paris émincés

Dans quatre petites assiettes à soupe, placer une côtelette de veau. Dans un bol, mélanger l'oignon, le riz, la courge, les herbes aromatiques et le jus de tomate. Disposer ce mélange autour de la viande. Garnir de champignons. Couvrir et cuire à pleine puissance 10 minutes, en tournant les assiettes d'un demi-tour en milieu de cuisson. Réduire à 30 % de la puissance et cuire 20 à 25 minutes, en tournant les assiettes une fois en cours de cuisson.

Steaks et haricots Olé

500 g de bifteck coupé en morceaux de 3 cm
60 ml de vin blanc sec
60 ml d'eau
1 petit oignon
1 tomate hachée
1 courgette coupée en petits morceaux
300 g de maïs surgelé
1 boîte (120 g env.) de piments de chili hachés
1 gousse d'ail hachée
1 pincée d'origan déshydraté
1 boîte (450 g env.) de haricots cocos égouttés

Dans un plat de 2,5 litres, mettre le bœuf, l'eau et le vin. Couvrir et cuire à puissance moyenne 12 minutes. Ajouter le reste des ingrédients et cuire à 70 % de la puissance 20 à 25 minutes jusqu'à ce que la viande soit tendre, en remuant deux fois en cours de cuisson.

Mini pains de viande et légumes

500 g de bifteck haché maigre
1 blanc d'œuf
1 cuil. à café de sauce Worcestershire
1 petit oignon haché
1 carotte râpée
1 branche de céleri hachée
2 cuil. à café de persil haché
2 gousses d'ail hachées
1 pincée de basilic déshydraté
1 petite pincée de muscade moulue

Sauce :
225 g de sauce tomate sans sel
1 pincée de poivre de Cayenne
1/2 cuil. à café de moutarde sèche
1 pincée d'origan
1,5 cuil. à soupe de sucre vergeoise

Mélanger le bifteck et l'œuf aux légumes et condiments. Former 4 petits pains de même taille. Les disposer en bâtons de roue dans un moule à tarte. Couvrir de papier sulfurisé et cuire à pleine puissance 7 à 8 minutes, en tournant le plat d'un demi-tour en milieu de cuisson.

Mélanger les ingrédients de la sauce et la verser sur les pains. Cuire à pleine puissance 2 à 3 minutes.

Porc aux piments verts et maïs

1 cuil. à café d'huile végétale
1 gros oignon haché
1 grosse gousse d'ail hachée
500 g de porc sans os, dégraissé, coupé en morceaux de 3 cm
2 cuil. à soupe de farine
2 boîtes (100 g env. chacune) de piments de chili verts
400 g de maïs surgelé
1 ou 2 piments serrano ou jalapeño hachés
360 ml de bouillon de poule
1 pincée d'origan déshydraté
1 pincée de cumin moulu
1 pincée de poivre

Dans un plat de 3 litres, mélanger l'huile, l'oignon et l'ail. Couvrir et cuire à pleine puissance 2 à 3 minutes jusqu'à ce que les oignons soient juste tendres.

Dans un récipient, saupoudrer les morceaux de porc de farine. Mettre la viande dans le plat et mélanger. Couvrir et cuire à pleine puissance 8 à 12 minutes jusqu'à ce que la viande ne soit plus rose, en remuant une fois pour déplacer les morceaux du centre vers l'extérieur.

Ajouter le reste des ingrédients. Couvrir et cuire à pleine puissance 6 à 7 minutes jusqu'à ébullition. Réduire à 30 % de la puissance et laisser mijoter 20 à 30 minutes.

Steaks d'agneau marinés au vin

4 tranches d'agneau dans l'aloyau
1 oignon haché
1 pincée d'aneth
1/2 cuil. à café de moutarde sèche
60 ml de vin blanc sec
2 cuil. à soupe de jus de citron

Disposer les tranches de viande à plat dans un plat à cuire. Dans un bol, mélanger l'oignon, l'aneth, la moutarde, le vin et le jus de citron. Verser sur la viande. Couvrir et laisser reposer au réfrigérateur 8 à 12 heures, en les retournant deux fois.

Une fois marinés, laisser couvert et cuire à pleine puissance 5 minutes. Réarranger la viande et la retourner. Réduire à 30 % de la puissance et cuire 8 à 10 minutes jusqu'à ce que la viande soit tendre. Enlever la graisse du jus, et verser sur la viande.

Bœuf aux légumes

- **2 petites pommes de terre coupées en cubes**
- **1 petit oignon coupé en cubes**
- **280 g de petits pois surgelés**
- **4 steaks hachés extra maigres**
- **1 tomate moyenne coupée en dés**
- **1 pincée d'ail en poudre**
- **1 pincée d'oignon déshydraté**
- **1 cuil. à soupe de parmesan**

Dans 4 petites assiettes creuses, disposer une couche de pommes de terre et une couche d'oignon. Couvrir et cuire à pleine puissance 3 minutes.

Ensuite, mettre en couches successives les petits pois, le steak, et la tomate. Saupoudrer d'ail, d'oignon et de Parmesan. Couvrir et cuire à pleine puissance 10 minutes en faisant tourner les assiettes une fois en cours de cuisson.

Réarranger les assiettes et réduire à 30 % de la puissance. Cuire 8 à 10 minutes jusqu'à ce que la viande et les légumes soient tendres.

Veau à l'italienne

220 g de champignons de Paris émincés

30 g d'oignon vert émincé

1/4 de poivron rouge émincé

60 ml de vin blanc sec

1/2 tablette de bouillon

1 pincée d'ail en poudre

1 pincée de poivre

4 côtelettes de veau (env. 120 g chacune)

Dans un plat, mettre tous les ingrédients sauf le poivre et le veau. Couvrir et cuire à pleine puissance 5 minutes jusqu'à ce que les légumes soient tendres, en remuant une fois en cours de cuisson. Saupoudrer le veau de poivre et le mettre dans le plat. Garnir chaque côtelette de la préparation aux champignons. Couvrir et cuire à pleine puissance 5 minutes.

Réarranger la viande, la recouvrir de champignons et couvrir le plat. Cuire à 30 % de la puissance 7 à 10 minutes jusqu'à ce que le veau soit tendre.

Boulettes de viande

500 g de bifteck haché maigre

60 ml de substitut d'œuf (ou 1 œuf), légèrement battu

80 g de carotte râpée

1 pincée de poivre

1 pincée de basilic déshydraté

1 pincée d'origan déshydraté

2 cuil. à soupe de vin sec

Mélanger tous les ingrédients et former environ 36 boulettes de 3 cm. Les disposer dans un plat. Couvrir de papier sulfurisé et cuire à pleine puissance 6 à 10 minutes jusqu'à ce que les boulettes de viande soient fermes, en remuant en milieu de cuisson. Égoutter.

Veau à la tomate

4 tranches de veau (env. 120 g chacune), dégraissées
1 oignon moyen haché
1 boîte (220 g env.) de tomates entières pelées
1 cuil. à soupe de concentré de tomate
3 cuil. à soupe de vin blanc sec
1 bonne poignée de persil frais

Dans un plat, disposer le veau, côtés épais vers l'extérieur.

Dans un récipient, mélanger l'oignon, les tomates, le concentré de tomate, le vin et le persil. Verser sur le veau. Couvrir et cuire à pleine puissance 5 minutes.

Réduire à 30 % de la puissance et laisser mijoter 30 à 35 minutes, en réarrangeant les tranches de viande en milieu de cuisson. Vérifier la tendreté en coupant la viande.

Sauces et Pâtes à Tartiner

Sauce à l'avocat

Délicieux en accompagnement de légumes cuits à la vapeur et pommes de terre, ou en sauce avec des artichauts cuits à la vapeur.

- 1 gros avocat mûr à point
- 120 ml d'eau
- 2 cuil. à soupe de jus de citron
- 1 pincée de sel ou aromate au choix (facultatif)

Couper l'avocat en deux, enlever le noyau et mettre la chair dans un robot. Ajouter le reste des ingrédients et réduire en purée.

Mayonnaise au persil chinois

Délicieux avec des artichauts cuits à la vapeur.

- 100 g de mayonnaise allégée
- 1 cuil. à soupe de jus de citron vert
- 1 verre de persil chinois frais et haché
- 1 pincée de persil déshydraté

Mélanger tous les ingrédients dans un bol. Bien mélanger et laisser reposer au réfrigérateur jusqu'au moment de servir.

Sauce aux herbes

Une savoureuse façon de remplacer le beurre sur des épis de maïs.

- 100 g de mayonnaise allégée
- 1 cuil. à soupe de jus de citron
- 1 bonne poignée de persil frais haché
- 1 bonne poignée de basilic frais haché

Dans un bol, mélanger tous les ingrédients et laisser reposer au réfrigérateur jusqu'au moment de servir.

Sauce tartare aux herbes et au parmesan

1 yaourt nature sans matières grasses
30 g de mayonnaise allégée
2 cuil. à soupe de parmesan râpé
1 pincée de sauge déshydratée
1 pincée d'oignon en poudre
1 petite pincée de paprika

Salsa au maïs

Accompagne merveilleusement le poisson.

2 tomates moyennes hachées
200 g de maïs en grains surgelé
1 cuil. à soupe de persil chinois frais haché
2 cuil. à soupe d'oignon vert émincé
2 cuil. à café d'huile d'olive
1 filet de jus de citron vert
1/2 cuil. à café de piment jalapeño haché

Dans un bol, mélanger tous les ingrédients et mettre au frais 1 heure.

Sauce au poivron tricolore

1 cuil. à soupe d'huile d'olive
1 oignon moyen finement émincé en anneaux
1 grosse gousse d'ail hachée
3 petits poivrons (jaune, vert et rouge)
   émincés en petits morceaux
1 pincée de sel ou aromate au choix (facultatif)

Mélanger tous les ingrédients dans un plat de 2 litres. Couvrir et cuire à pleine puissance 4 à 6 minutes jusqu'à ce que les légumes soient tendres, en remuant une fois.

Guacamole au bacon de dinde

> 4 tranches de bacon de dinde hachées
>
> 2 avocats mûrs
>
> 2 cuil. à soupe de jus de citron
>
> 1 tomate moyenne épépinée et hachée
>
> 30 g d'oignon finement haché
>
> 1/2 ou 1 piment serrano finement haché
>
> 1 pincée d'ail en poudre
>
> 1 pincée d'origan déshydraté
>
> 1 pincée de poivre

Mettre le bacon de dinde entre deux papiers absorbants et cuire à pleine puissance 3 à 4 minutes. Laisser refroidir.

Dans un bol, écraser les avocats en purée. Ajouter le reste des ingrédients.

Salsa simple

> 2 tomates moyennes hachées
>
> 1 oignon moyen haché
>
> 1/2 ou 1 piment serrano haché
>
> 1 cuil. à soupe de jus de citron
>
> 1 cuil. à soupe d'eau
>
> 1 cuil. à soupe de persil chinois haché
>
> 1 pincée d'ail en poudre
>
> 1 pincée de cumin moulu

Mélanger tous les ingrédients dans un bol. Servir à température ambiante ou très froid.

Sauce aux pêches

Cette sauce s'adapte à de nombreux plats : poulet, gâteau ou yaourt glacé.

2 pêches hachées
1 cuil. à soupe de Maïzena
1,5 cuil. à soupe de sucre
120 ml de jus de pomme

Dans un récipient adapté au micro-ondes, mélanger la Maïzena, le sucre et le jus de pomme. Ajouter les pêches. Cuire à pleine puissance 1 minutes 1/2 à 3 minutes jusqu'à épaississement du sirop, en remuant toutes les minutes.

Pesto

2 grosses gousses d'ail
4 tasses de feuilles de basilic
50 g de pignons (ou amandes ou noix)
120 ml d'huile d'olive extra vierge

Dans un robot mixer, hacher l'ail. Ajouter le basilic et hacher finement. Ajouter les pignons et hacher finement. Arroser d'huile d'olive en un mince filet pour former une pâte épaisse.

Avant de servir, ajouter 120 ml d'eau chaude pour 50 g de pesto, et bien mélanger.

Le pesto se conserve au réfrigérateur plusieurs semaines. Le mettre dans un bocal, couvrir d'une couche d'huile d'olive pour l'empêcher de brunir, et fermer hermétiquement.

Le pesto peut également être congelé dans un bac à glaçon. Mettre les glaçons de pesto dans un sac en plastique et fermer soigneusement.

Sauce Teriyaki relevée

Délicieux en accompagnement de salade verte, légumes cuits, poulet et poisson.

> 60 ml de sauce Teriyaki
> 1 cuil. à soupe de jus de citron
> 1 pincée de gingembre moulu

Mélanger tous les ingrédients dans un bol.

Sauce barbecue épicée

> 1 cuil. à café d'huile d'olive
> 1 cuil. à café de margarine
> 1 gros oignon finement haché
> 1 grosse gousse d'ail hachée
> 200 g de ketchup
> 60 ml de vinaigre de cidre
> 2 cuil. à soupe de miel
> 2 cuil. à soupe de sauce au soja
> 2 cuil. à soupe de sauce Worcestershire
> 1/2 cuil. à café de moutarde sèche
> 1/2 cuil. à café de graines de céleri
> 1 pincée de poivre de Cayenne

Dans un grand bol, mélanger l'huile, la margarine, l'oignon et l'ail. Cuire à pleine puissance 3 à 4 minutes jusqu'à ce que l'oignon soit tendre. Ajouter le reste des ingrédients, bien mélanger et cuire à pleine puissance 3 à 4 minutes, en remuant une fois en cours de cuisson.

Sauce tomate onctueuse

Rajoute du caractère au poisson et aux légumes vapeur.

- 1 gousse d'ail hachée
- 2 oignons verts finement hachés
- 2 cuil. à café d'huile d'olive
- 2 cuil. à café de margarine
- 1 grosse tomate hachée
- 1 pincée d'estragon déshydraté
- 2 cuil. à soupe de yaourt nature sans matières grasses
- 1 pincée de poivre

Dans un bol, mélanger l'ail, l'oignon, l'huile et la margarine. Cuire à pleine puissance 1 minute. Ajouter le reste des ingrédients et réchauffer à pleine puissance 1 à 2 minutes, en remuant une fois en cours de cuisson.

Sauce aux canneberges et à l'orange

Pour accompagner la dinde, le poulet ou autre volaille.

- 60 g de canneberges non sucrées surgelées
- 60 ml de jus d'orange
- 160 g de miel

Mélanger tous les ingrédients dans un plat de 2 litres. Couvrir de papier sulfurisé et cuire à puissance moyenne 8 à 12 minutes jusqu'à ce que les peaux des canneberges aient éclaté, en remuant deux fois en cours de cuisson.

Sauce hollandaise allégée

50 g de mayonnaise allégée
2 cuil. à soupe d'eau
1 cuil. à soupe de jus de citron
1 cuil. à soupe de margarine
1 pincée de poivre de Cayenne
1 pincée d'estragon déshydraté

Battre tous les ingrédients dans un bol. Réchauffer à puissance moyenne 1 minute 1/2.

Sauce aux champignons épicée

Accompagne les pommes de terre, le riz, les légumes et la viande.

1/3 litre d'eau
2 cuil. à café de Maïzena
220 g de champignons de Paris émincés
15 g d'oignon haché
1/2 tablette de bouillon de bœuf
1 pincée de poivre fraîchement moulu
1 pincée de basilic déshydraté
1 pincée d'ail en poudre
1 pincée d'oignon en poudre
1 pincée de poivre de Cayenne

Verser l'eau et la Maïzena dans un plat de 1,5 litre et bien mélanger. Ajouter le reste des ingrédients. Couvrir et cuire à pleine puissance 3 à 6 minutes jusqu'à ce que les champignons soient tendres et que la sauce soit transparente.

Chutney aux pêches

1 gousse d'ail hachée

1 pincée de gingembre moulu

2 cuil. à soupe de vinaigre de cidre

60 g de miel

1 kg de pêches mûres, grossièrement hachées

80 g de dates dénoyautées et concassées

1 filet de citron ou citron vert

2 cuil. à café de moutarde de Dijon sèche

1 pincée de sel

1 petite pincée de poivre de Cayenne

Dans un bol, mélanger l'ail, le gingembre, le vinaigre et le miel. Couvrir de papier sulfurisé et couvrir à pleine puissance 3 minutes, en remuant une fois en cours de cuisson.

Ajouter le reste des ingrédients. Couvrir et cuire à pleine puissance 6 à 8 minutes, en remuant une fois en milieu de cuisson. Conserver au réfrigérateur une semaine maximum.

Beurre de champignons et d'oignon vert

1 cuil. à soupe d'huile d'olive

60 g d'oignon vert finement haché

500 g de champignons de Paris émincés

2 cuil. à soupe de vin rouge

1 pincée de sel ou aromate au choix

1 yaourt nature sans matières grasses

50 g de noix hachées

Dans un plat de 2,5 litres, mettre l'huile et l'oignon. Cuire à pleine puissance 2 minutes. Ajouter les champignons et cuire sans couvrir à pleine puissance 5 à 6 minutes jusqu'à ce qu'ils soient tendres. Verser la préparation dans un robot mixer. Ajouter le reste des ingrédients, sauf les noix, et réduire en purée. Ajouter les noix et mettre au réfrigérateur pendant 3 heures.

Pâte à tartiner au fromage et poivron

Délicieux sur du pain italien.

3 cuil. à soupe d'eau

1 paquet de gélatine non aromatisée

420 g de ricotta allégée

1/2 poivron rouge finement haché

1/4 poivron vert finement haché

60 g d'oignon vert finement haché

1 yaourt nature sans matières grasses

1 cuil. à soupe de jus de citron

1 pincée de sel

Mélanger l'eau et la gélatine dans un récipient. Cuire à pleine puissance 45 secondes pour dissoudre la gélatine, en remuant deux fois en cours de cuisson.

Ajouter le reste des ingrédients. Tapisser un grand bol de film plastique et le remplir de la préparation. Couvrir et laisser reposer au réfrigérateur de 3 à 10 heures.

Avant de servir, démouler sur une assiette et enlever le film plastique.

Pâte à tartiner au sirop d'érable

Délicieuse sur des tranches de gâteau à la banane.

220 g de fromage frais lisse (à tartiner)

1 cuil. à café de zeste de citron râpé

3 cuil. à soupe de sirop d'érable

1 pincée de cannelle moulue

Mettre le fromage frais dans un récipient. Faire ramollir à 30 % de la puissance 1 à 2 minutes. Ajouter le reste des ingrédients en mélangeant bien. Laisser au réfrigérateur jusqu'au moment de servir.

Sauce au bacon et champignons

*A servir sur des pommes de terre au four
(pour 2 pommes de terre).*

>   2 tranches de bacon de dinde, hachées
>   1 échalote hachée
>   2 cuil. à soupe d'oignon vert haché
>   4-5 champignons de Paris émincés
>   2 cuil. à café de margarine

Mettre le bacon de dinde sur une assiette et cuire à pleine puissance 3 à 4 minutes. Laisser de côté.

Mettre l'échalote, l'oignon, les champignons et la margarine dans un plat. Couvrir et cuire à pleine puissance 2 minutes jusqu'à ce que l'échalote soit juste tendre, en remuant une fois en cours de cuisson.

Incorporer le bacon à la préparation et en garnir des pommes de terre chaudes coupées en deux.

Sauce à l'oignon et aux petits pois

*A servir sur des pommes de terre au four
(pour 2 pommes de terre).*

>   35 g de petits pois surgelés (préalablement décongelés)
>   30 g d'oignon vert haché
>   1 yaourt nature sans matières grasses
>   2 cuil. à soupe de parmesan râpé

Mettre les petits pois et l'oignon dans un bol et réchauffer à pleine puissance 1 à 2 minutes. Ajouter le yaourt et bien mélanger. En garnir des pommes de terre chaudes coupées en deux, et saupoudrer de Parmesan.

Sauce à l'aubergine

700 g d'aubergine

1 cuil. à soupe d'huile d'olive

1 cuil. à soupe de jus de citron

1 gousse d'ail hachée

1 pincée de sel ou aromate au choix

2 cuil. à soupe d'oignon vert haché

Piquer l'aubergine en plusieurs endroits à l'aide d'une fourchette. La mettre sur deux couches de papier absorbant dans le micro-ondes et cuire à pleine puissance 9 à 11 minutes. Laisser refroidir.

Couper l'aubergine en deux dans le sens de la longueur. Mettre la chair dans un robot mixer. Ajouter le reste des ingrédients et réduire en purée.

Sauce aux clams et fromage

120 g de fromage frais lisse allégé

180 g de clams hachés et égouttés

1/2 yaourt nature sans matières grasses

1 gousse d'ail hachée

1 cuil. à café de sauce Worcestershire

1 cuil. à soupe de persil chinois frais

Mettre le fromage dans un récipient et le ramollir à puissance moyenne 1 minute.

Ajouter le reste des ingrédients et cuire à puissance moyenne 3 à 5 minutes, en remuant en milieu de cuisson.

Sauce au poivron

Un délicieux condiment pour le poisson ou le poulet.
S'agrémente également aux soupes.

> 2 poivrons rouges épépinés et grossièrement hachés
> 2 cuil. à café de câpres égouttées et rincées
> 1 pincée de poivre

Mettre les poivrons dans un plat de 2 litres. Couvrir et cuire à pleine puissance 4 à 6 minutes jusqu'à ce qu'ils soient tendres.

Mettre les poivrons, câpres et poivre dans un robot mixer et réduire en purée.

Sauce au brocoli

> 325 g de brocoli, grossièrement haché
> 180 ml de bouillon de poulet
> 100 g de ricotta allégée
> 1 cuil. à café de cumin moulu
> 1 cuil. à café de sel ou aromate au choix
> 1 pincée de poivre

Mettre le brocoli et le bouillon de poulet dans un plat de 2,5 litres. Couvrir et cuire à pleine puissance 4 à 5 minutes jusqu'à ce que le brocoli soit tendre.

Pendant ce temps, passer la ricotta au mixer jusqu'à ce qu'elle soit lisse. Une fois le brocoli cuit, l'ajouter à la ricotta dans le mixer, ainsi que les condiments. Réduire jusqu'à obtention d'une purée onctueuse.

Sauce à l'oignon et à l'échalote

2 cuil. à soupe d'huile d'olive

2 oignons moyens finement émincés en anneaux

4 oignons verts hachés

4 échalotes hachées

120 ml de vin blanc sec

1 cuil. à soupe de miel

1 pincée de sel ou aromate au choix

1 pincée de poivre

Dans un plat de 2,5 litres, mettre l'huile, les oignons et les échalotes. Couvrir et cuire à pleine puissance 3 à 5 minutes jusqu'à ce que les oignons soient tendres.

Ajouter le vin, le miel, le sel et le poivre. Couvrir et cuire à 70 % de la puissance 3 à 4 minutes. Laisser reposer 10 minutes.

Sauce à la pomme et aux canneberges

100 g de canneberges fraîches ou surgelées

    (préalablement décongelées)

1 petite pomme épépinée et hachée

60 ml de jus de pomme

1 pincée de cannelle moulue

1 cuil. à soupe de miel

Dans un plat de 1,5 litre, mélanger tous les ingrédients. Cuire à pleine puissance 3 à 4 minutes jusqu'à ce que la peau des canneberges éclate, en remuant deux fois en cours de cuisson. Laisser reposer. Couvrir et mettre au réfrigérateur jusqu'au moment de servir.

Vinaigrette chaude au bacon

2 tranches de bacon de dinde, hachées
2 cuil. à soupe d'huile d'olive
1 cuil. à soupe de jus de citron
1 cuil. à soupe de vinaigre de vin rouge
2 cuil. à café de miel
1 pincée de sel ou aromate au choix
1 pincée de poivre

Mettre le bacon de dinde dans une assiette en carton, le recouvrir de papier absorbant et cuire à pleine puissance 2 à 3 minutes.

Dans un récipient, mélanger vigoureusement le bacon et le reste des ingrédients. Réchauffer à pleine puissance 1 minute et verser la sauce encore tiède sur de la salade verte.

Fondu de tomate et d'oignon

Remplace agréablement le ketchup avec les viandes cuites

2 cuil. à soupe de poivron haché
1 gros oignon émincé en anneaux
1 boîte (80 g env.) de tomates concassées
1/2 cuil. à soupe de concentré de tomate
1 cuil. à soupe de vinaigre de vin rouge
1/2 cuil. à café de miel

Mélanger tous les ingrédients dans un plat de 2,5 litres. Couvrir et cuire à pleine puissance 4 à 6 minutes jusqu'à ce que les oignons soient tendres, en remuant deux fois en cours de cuisson. Servir chaud ou très froid.

Salsa verte

250 g de petites tomates vertes pelées et hachées
30 g d'oignon haché
1 piment jalapeño frais haché
1 grosse gousse d'ail concassée
1 cuil. à soupe d'huile de colza ou autre huile végétale

Mettre les tomates, l'oignon, le piment et l'ail dans un plat de 2 litres. Couvrir et cuire à pleine puissance 2 minutes jusqu'à ce que les légumes soient juste tendres. Ajouter le reste des ingrédients. Mettre au réfrigérateur jusqu'au moment de servir.

Sauce à la tomate et aux olives

Accompagne le poisson.

3 gousses d'ail hachées
2 cuil. à soupe d'huile d'olive
30 g d'oignon vert haché
30 g de courgette hachée
2 tomates moyennes épépinées et hachées
1 pincée de basilic déshydraté
1 pincée de poivre de Cayenne
80 g d'olives noires dénoyautées et hachées
4 cuil. à café de câpres, égouttées

Dans un plat de 1,5 litre, mélanger l'ail, l'huile, l'oignon et la courgette. Cuire à pleine puissance 1 minute 1/2 jusqu'à ce que ce soit juste tendre.

Ajouter le reste des ingrédients. Cuire à pleine puissance 2 minutes. Laisser reposer 20 minutes, et servir à température ambiante.

Sauce aux champignons

Donne du caractère au riz ou aux pâtes nature.

330 g de champignons de Paris grossièrement hachés
1/4 litre de bouillon de poulet
2 cuil. à café d'huile d'olive
1 pincée de sel ou aromate au choix
1 pincée de poivre

Mettre tous les ingrédients dans un plat de 2,5 litres. Couvrir et cuire à pleine puissance 5 à 6 minutes jusqu'à ce que les champignons soient tendres, en remuant une fois.

Passer au robot mixer.

Sauce tartare à l'aneth

1 yaourt nature sans matières grasses
35 g de mayonnaise allégée
2 cuil. à soupe d'aneth macéré au vinaigre
1 pincée d'oignon en poudre

Mélanger tous les ingrédients dans un bol. Couvrir et mettre au réfrigérateur au moins 2 heures.

Crème au fromage et à l'oignon

Pour garnir des pommes de terre au four.

1 petit oignon finement émincé en anneaux
2 cuil. à café d'huile d'olive
1 pincée de sel ou aromate au choix
1/2 yaourt nature sans matières grasses
25 g de cheddar allégé râpé (ou mimolette)

Mettre l'huile et l'oignon dans un plat de 2 litres. Couvrir et cuire à pleine puissance 2 à 3 minutes jusqu'à ce que l'oignon soit tendre.

Ajouter le sel, le yaourt et le fromage. Réduire à puissance moyenne, couvrir et réchauffer 2 à 3 minutes, en remuant deux fois. Servir sur des pommes de terre chaudes coupées en deux.

Sauce italienne

A servir sur des pommes de terre au four.

250 g de dinde hachée
30 g d'oignon haché
450 g de sauce tomate
1 cuil. à café de persil déshydraté pour la garniture

Mettre la dinde et l'oignon dans une passoire spécial micro-ondes, placée au-dessus d'un récipient. Cuire à pleine puissance 3 à 4 minutes jusqu'à ce que la viande ne soit plus rose, en mélangeant deux fois en cours de cuisson.

Dans un récipient, mélanger la sauce tomate et la dinde cuite. Couvrir et cuire à pleine puissance 3 à 4 minutes.

Verser la sauce sur des pommes de terre chaudes coupées en deux et saupoudrer de persil.

Sauce au yaourt et à l'aneth

A servir sur des pommes de terre au four.

1 grosse gousse d'ail hachée
1 cuil. à soupe d'eau
1 yaourt 1/2 nature et sans matières grasses
2 cuil. à soupe d'aneth haché
1 filet de citron
1 pincée de sel
1 pincée de poivre

Dans un récipient, mettre l'ail et l'eau. Couvrir de film étirable et cuire à pleine puissance 1 minute.

Ajouter le reste des ingrédients et bien mélanger.

Sauce aux crevettes

A servir sur des pommes de terre au four

120 g de champignons émincés
1 cuil. à café d'huile d'olive
1 pincée de sel ou aromate au choix
1 yaourt nature sans matières grasses
250 g de crevettes décortiquées
2 cuil. à café de persil haché

Mélanger tous les ingrédients dans un plat de 2 litres. Couvrir et cuire à puissance moyenne 6 à 8 minutes, en remuant deux fois en cours de cuisson. Servir sur des pommes de terre chaudes coupées en deux.

Sauce au fromage et au poivron

A servir sur des pommes de terre au four.

2 cuil. à café d'huile d'olive
2 cuil. à soupe de poivron rouge haché
2 cuil. à soupe de poivron vert haché
2 gousses d'ail hachées
1 pincée de sel aromatisé à l'oignon
1 pincée de poivre
50 g de fromage frais lisse

Cuire l'huile, les poivrons et l'ail à pleine puissance 2 minutes jusqu'à ce que les légumes soient juste tendres. Saler et poivrer.

Mettre le fromage sur les pommes de terre chaude coupées en deux et cuire à pleine puissance 1 minute. Garnir de mélange aux poivrons.

Desserts

Gratin de pommes

3 grosses pommes pelées, épépinées et coupées en tranches
1 cuil. à soupe de miel
1 filet de citron

Garniture :
40 g de farine complète
4 cuil. à soupe de germes de blé
20 g de sucre vergeoise
1 pincée de cannelle moulue
2 cuil. à café de margarine

Mettre les pommes, le miel et le citron dans un plat à gratin. Dans un récipient, mélanger les ingrédients de la garniture. Saupoudrer la garniture sur les pommes en une couche régulière. Cuire à pleine puissance 7 à 10 minutes jusqu'à ce que les pommes soient tendres, en tournant le plat toutes les 4 minutes. Servir tiède.

Oranges et kiwi au sirop

4 kiwi mûrs, pelés et coupés en rondelles
2 oranges pelées et séparées en quartiers
1 cuil. à soupe de jus de citron
60 ml de jus d'orange
2 cuil. à soupe de miel
2 cuil. à soupe de noix hachées

Disposer les oranges et les kiwi dans des bols individuels. Dans un autre bol, mélanger le jus de citron, le jus d'orange et le miel. Cuire à pleine puissance 1 à 2 minutes pour liquéfier le miel. Bien mélanger et verser sur les fruits. Garnir de noix.

Compote de poires et dates

120 ml de jus d'orange frais
2 cuil. à soupe de miel
3 poires pelées, épépinées et coupées en tranches
50 g de dates hachées
1 pincée de cannelle moulue
3 cuil. à soupe de graines de sésame

Dans un grand bol, mélanger le jus d'orange et le miel, et cuire à pleine puissance 1 à 2 minutes jusqu'à ce que le miel soit liquide. Bien mélanger.

Dans un plat, verser le jus, les poires, les dates et la cannelle. Couvrir et cuire à pleine puissance 4 à 6 minutes jusqu'à ce que les poires soient tendres, en remuant deux fois en cours de cuisson. Garnir de graines de sésame.

Chapelure

5 tranches de pain complet, coupées en morceaux

Mettre le pain dans un robot et le réduire en miettes.

Disposer les miettes de pain dans un plat à tarte et cuire sans couvrir à pleine puissance 4 à 5 minutes, jusqu'à ce qu'elles soient entièrement desséchées, en remuant deux fois.

Melon au citron et à la menthe

2 cuil. à café de miel
2 cuil. à soupe de jus de citron vert
1 cuil. à soupe de feuilles de menthe hachées
1 melon d'Espagne de 1,5 kg env. pelé, épépiné
    et coupé en morceaux de 3 cm

Dans un bol, mélanger le miel, le jus de citron et la menthe. Cuire à pleine puissance 45 secondes pour liquéfier le miel. Mettre le melon dans un saladier et l'arroser du jus au miel.

Gâteau de nouilles aux raisins secs

> 160 g de nouilles cuites chaudes (sans œufs), égouttées
>
> 1 cuil. à soupe de margarine
>
> 4 blancs d'œuf
>
> 170 g de Cottage cheese allégé
>
> 1 yaourt nature sans matières grasses
>
> 60 g de miel
>
> 1 pincée de cannelle moulue
>
> 1 cuil. à café d'extrait liquide de vanille
>
> 150 g de raisins secs
>
> 1 pincée de muscade, pour la garniture

Mettre les nouilles chaudes dans un bol et y faire fondre la margarine.

Dans un récipient, battre les blancs d'œuf et le Cottage cheese jusqu'à obtenir une préparation lisse. Ajouter le yaourt, le miel, la cannelle, la vanille, les raisins secs et les nouilles.

Verser la préparation dans un plat de 2 litres et saupoudrer de muscade. Cuire sans couvrir à pleine puissance 13 à 15 minutes, en tournant le plat toutes les 5 minutes. Laisser reposer 5 minutes.

Rhubarbe au coulis de fraise

Coulis de fraise : Délicieux en accompagnement d'entremets, pancakes, pain perdu ou yaourt glacé

> 1 cuil. à soupe de Maïzena
> 1,5 cuil. à soupe de sucre
> 120 ml de jus de canneberges
> 100 g de fraises fraîches coupées en tranches

Dans un récipient, mélanger la Maïzena, le sucre et le jus de canneberges. Ajouter les fraises. Cuire à pleine puissance 2 minutes 1/2 à 3 minutes jusqu'à ce que le jus épaississe, en remuant toutes les minutes.

> 300 g de rhubarbe fraîche, coupée en morceaux de 3 cm
> 6 fraises fraîches, coupées en deux
> 3 cuil. à soupe de miel

Mettre la rhubarbe et les fraises dans un plat de 2 litres. Couvrir et cuire à pleine puissance 4 à 5 minutes jusqu'à ce que la rhubarbe soit entièrement tendre. Ajouter le miel. Laisser reposer 5 minutes.

Fraises au gingembre

> 1 livre de fraises coupées en quatre
> 1 cuil. à café de gingembre frais et râpé

Mélanger les ingrédients dans un saladier. Réfrigérer jusqu'au moment de servir.

Fraises à la crème

60 ml de jus de canneberges
3 cuil. à café de gélatine non aromatisée
375 g de fraises équeutées
2 cuil. à soupe de miel
50 g de ricotta allégée
4 fraises pour la garniture

Mélanger la gélatine et le jus de canneberges dans un bol. Laisser reposer 1 minute. Cuire à pleine puissance sans couvrir 1 minute. Laisser de côté. Passer les fraises, le miel et la ricotta au mixer. Ajouter la gélatine. Verser dans des coupes individuelles, garnir d'une fraise et laisser refroidir 1 à 2 heures.

Shake glacé à la banane

1/4 litre de jus d'orange (ou pomme, ananas ou exotique)
1 banane congelée, coupée en morceaux de 3 cm
1 grosse pêche mûre, pelée et coupée en tranches

Passer tous les ingrédients au robot mixer jusqu'à obtenir une préparation lisse.

Bananes au kalua et à la crème

1/2 yaourt nature sans matières grasses
1 cuil. à soupe de liqueur de kalua
4 petites bananes coupées en rondelles

Mélanger le yaourt et le kalua dans un bol. Cuire à puissance moyenne 1 minute.

Mettre les bananes dans un plat rond de 1 litre et les recouvrir du mélange au yaourt. Mélanger délicatement. Cuire à pleine puissance 1 minute. Répartir dans quatre assiettes à dessert.

Gâteau de riz crémeux

200 g de riz blanc rond
3/4 litre de lait écrémé + 120 ml
2 pincées de cannelle
1,5 cuil. à soupe de miel
1 cuil. à café d'extrait liquide de vanille
3 cuil. à soupe de raisins secs
1/2 yaourt nature sans matières grasses

Mélanger le riz et 1/4 litre de lait dans un plat de 2,5 litres. Couvrir et cuire à pleine puissance 3 minutes.

Ajouter 1/4 litres de lait, 1 pincée de cannelle, le miel et la vanille. Couvrir et cuire à puissance moyenne 8 minutes. Ajouter 1/4 litre de lait et les raisins et cuire couvert 8 minutes à puissance moyenne. Ajouter les 120 ml de lait. Couvrir et cuire à puissance moyenne 4 minutes.

Laisser reposer couvert pendant 30 minutes, jusqu'à ce que le liquide soit presque entièrement absorbé. Ajouter le yaourt et saupoudrer d'une pincée de cannelle.

Oranges au poivre

4 oranges à jus
1 pincée de poivre fraîchement moulu

Peler les oranges. Les couper en rondelles épaisses et ôter les pépins. Les disposer sur une assiette et les saupoudrer très légèrement de poivre.

Pamplemousse glacé

Ce dessert peut être servi seul ou agrémenté de raisin,
quartiers d'orange ou rondelles de banane.

2 pamplemousses mûrs, pelés et détachés en quartiers

2 cuil. à soupe de sirop d'érable

1 pincée de cannelle

Débarrasser les quartiers de pamplemousse de leurs membranes et les disposer dans un plat en une couche régulière. Mettre ce plat au congélateur de 4 à 10 heures. Le retirer du congélateur et le réchauffer à 30 % de la puissance 1 à 2 minutes de façon à ce que les morceaux se détachent. Passer le pamplemousse et le sirop d'érable au robot mixer jusqu'à obtenir une préparation lisse. La verser dans des coupes et saupoudrer de cannelle.

Gâteau de tapioca

1,5 cuil. à soupe de miel

1/2 litre de lait écrémé

3 cuil. à soupe de tapioca instantané

60 ml de substitut d'œuf (ou 1 œuf)

1 cuil. à café de vanille

Verser le miel dans un plat de 2 litres et cuire à pleine puissance 45 secondes pour le liquéfier. Ajouter le lait et le tapioca.

Couvrir et cuire à pleine puissance 3 minutes. Mélanger. Cuire à pleine puissance sans couvrir 3 minutes supplémentaires, en remuant toutes les minutes. Dans un bol, battre le substitut d'œuf et la vanille. Ajouter délicatement quelques cuillerées de tapioca chaud et mélanger. Remettre ce mélange dans le plat de tapioca et cuire sans couvrir 1 minute à pleine puissance.

Mélanger et laisser reposer 20 minutes. Éventuellement, recouvrir la surface du tapioca de film étirable pour empêcher que ne se forme une peau. Servir tiède ou très froid.

Gâteau de caroube à la menthe

La farine de caroube a l'aspect et le goût du chocolat, mais sans caféine. On la trouve dans les magasins de produits diététiques.

- 1,5 cuil. à soupe de miel
- 1/2 litre de lait écrémé
- 2 cuil. à soupe de farine de caroube
- 3 cuil. à soupe de tapioca instantané
- 2 blancs d'œuf
- 1 cuil. à café d'extrait liquide de vanille
- 2 gouttes d'extrait liquide de menthe
- 4 feuilles de menthe pour la garniture

Verser le miel et 125 ml de lait dans un plat de 2 litres et cuire à pleine puissance 1 minute. Saupoudrer de farine de caroube et laisser reposer 1 minute. Puis mélanger jusqu'à obtention d'une pâte lisse.

Ajouter le reste du lait et le tapioca. Couvrir et cuire à pleine puissance 3 minutes. Retirer le couvercle et cuire à pleine puissance 3 minutes supplémentaires, en remuant toutes les minutes.

Battre ensemble les blancs d'œuf, la vanille et l'extrait de menthe. Ajouter délicatement quelques cuillerées du tapioca chaud et mélanger. Remettre ce mélange dans le plat de tapioca. Cuire à pleine puissance 1 minute, sans couvrir.

Mélanger et laisser reposer 20 minutes. Éventuellement, recouvrir la surface du tapioca de film étirable pour empêcher que ne se forme une peau. Servir tiède ou très froid. Garnir de feuilles de menthe.

Gâteau de tapioca à l'ananas et à la fraise

1,5 cuil. à soupe de miel
1/2 litre de jus d'ananas non sucré
3 cuil. à soupe de tapioca instantané
8 fraises coupées en tranches pour la garniture

Mettre le miel dans un plat de 2 litres et cuire à pleine puissance 45 secondes jusqu'à ce qu'il soit liquide. Ajouter le jus d'ananas et le tapioca. Laisser reposer 5 minutes.

Couvrir et cuire à pleine puissance 3 minutes. Bien mélanger. Cuire sans couvrir 3 minutes, en remuant toutes les minutes.

Mélanger et laisser reposer 20 minutes. Éventuellement, recouvrir la surface du tapioca de film étirable pour empêcher que ne se forme une peau. Servir tiède ou très froid. Au moment de servir, garnir de fraises fraîches.

Pudding spécial au pain

1/3 litre de jus de pomme
1 cuil. à soupe de miel
100 g de raisins secs
60 ml de substitut d'œuf (ou 1 œuf)
1/2 cuil. à café d'extrait liquide de vanille
5 tranches de pain complet ferme, coupées en cubes
3 cuil. à soupe de noix hachées

Mélanger le jus de pomme, le miel et les raisins dans un récipient et cuire à pleine puissance 2 minutes. Laisser reposer quelques minutes. Battre le substitut d'œuf et la vanille dans un bol. Ajouter délicatement quelques cuillerées de jus de pomme aux raisins et mélanger. Remettre ce mélange dans le jus de pomme. Dans un plat de 2 litres, disposer les cubes de pain et verser le jus et les noix. Les morceaux de pain doivent tous être imprégnés du jus. Couvrir de papier sulfurisé et cuire à pleine puissance 3 à 5 minutes. Servir chaud ou froid.

Poires aux épices glacées

Dessert à savourer tel quel ou accompagné d'une cuillerée de yaourt glacé.

2 grosses poires mûres épépinées
60 ml de jus de pomme
1 cuil. à soupe de jus de citron
60 ml de vin blanc sec
2 cuil. à soupe de miel
1/2 cuil. à café d'extrait liquide de vanille
2 cuil. à soupe de raisins secs
1 pincée de cannelle moulue
1 petite pincée de muscade moulue
1 cuil. à café de Maïzena

Couper les poires en deux dans le sens de la longueur et les piquer à l'aide d'une fourchette. Les disposer côté coupé dessus dans un plat allant au four.

Mélanger le reste des ingrédients dans un grand bol et cuire à pleine puissance 2 à 3 minutes, jusqu'à ce que le jus épaississe, en remuant deux fois en cours de cuisson. Verser le glaçage sur les poires et couvrir de papier sulfurisé. Cuire à pleine puissance 7 à 9 minutes jusqu'à ce que les fruits soient tendres, en réarrangeant et arrosant les poires une fois. Laisser reposer 3 minutes. Servir tiède avec le jus.

Pommes au four

4 pommes moyennes
80 ml de jus de pomme
50 g de raisins secs
1 pincée de cannelle moulue

Enlever le trognon des pommes en faisant attention à ne pas percer le fond. Les mettre dans 4 coupes. Verser le jus de pomme, les raisins et la cannelle sur chaque pomme et les couvrir sans serrer de film plastique. Cuire à pleine puissance 7 à 9 minutes jusqu'à ce que les pommes soient tendres, en réarrangeant les coupes en milieu de cuisson. Laisser reposer 2 minutes et servir tiède.

Salade de fruits chaude

> 2 grosses oranges pelées et détachées en quartiers
> Quelques grains de raisin sans pépins
> Quelques fraises coupées en deux
> 2 bananes moyennes coupées en rondelles
> 60 ml de jus de pomme
> 1 pincée de cannelle

Répartir les fruits dans 4 coupes individuelles. Verser une quantité égale de jus de pomme dessus. Saupoudrer de cannelle. Couvrir de papier sulfurisé et cuire à pleine puissance 3 à 4 minutes, jusqu'à ce que les bananes commencent à ramollir, en réarrangeant les coupes en milieu de cuisson. Servir tiède.

Banana splits à la noix de coco

> 50 g de noix de coco râpée
> 8 cuil. à soupe de yaourt glacé au chocolat
> 2 bananes pelées, coupées en deux dans le sens de la
>   longueur, chaque moitié coupée en quatre

Étendre la noix de coco sur du papier sulfurisé. Rouler les cuillerées de yaourt glacé dans la noix de coco. Les disposer sur une plaque et les mettre au congélateur.

Mettre les 4 morceaux de banane dans 4 assiettes à dessert et les garnir de deux cuillerées de yaourt glacé à la noix de coco.

Fruits rouges au yaourt et à la menthe

300 g de fruits rouges mûrs (fraises, framboises, myrtilles...)
1 pot de 220 g de yaourt à la vanille, battu
8-12 feuilles de menthe fraîche pour la garniture

Au moment de servir, rincer les fruits et les répartir dans 4 coupes. Garnir de yaourt et de feuilles de menthe.

Compote d'hiver

140 g de pruneaux dénoyautés
170 g d'abricots secs
1/2 litre de jus d'orange
2 oranges pelées et détachées en quartiers
1 banane coupée en rondelles
Les grains d'une petite grappe de raisin, sans pépins

Verser les fruits secs et le jus d'orange dans un récipient. Couvrir et laisser macérer 6 à 10 heures.

Verser les fruits macérés, les oranges, la banane et les grains de raisin dans un plat. Mélanger et cuire à pleine puissance 4 à 6 minutes jusqu'à ce que les fruits soient ramollis. Servir chaud ou froid.

Boules de yaourt glacé à la crème

Dessert facile et élégant.

1 yaourt à la vanille sans matières grasses
8 cuil. à soupe de yaourt glacé au chocolat, allégé
1 bonne pincée de cannelle moulue

Remuer le yaourt à la vanille et en mettre 2 cuillerées sur chaque assiette à dessert. Recouvrir de 2 cuillerées de yaourt glacé au chocolat. Saupoudrer de cannelle.

Pommes au cheddar

1 pomme jaune, coupée en petits morceaux
1 pomme rouge, coupée en petits morceaux
1 pomme verte, coupée en petits morceaux
60 g de Cheddar allégé, coupé en tranches

Disposer les pommes et le fromage sur une assiette et comparer les goûts !

Poires tièdes au yaourt et aux fruits rouges

4 poires mûres mais fermes, pelées, épépinées
  et coupées en tranches fines
80 ml de jus de pomme
1 pincée de cannelle moulue
1 yaourt à la vanille sans matières grasses
50 g de fruits rouges (myrtilles, fraises...)

Mettre les poires, le jus de pomme et la cannelle dans un plat de 2,5 litres. Couvrir et cuire à pleine puissance 6 à 8 minutes jusqu'à ce que les poires soient tendres mais pas en bouillie, en remuant délicatement une fois en cours de cuisson. Laisser refroidir au réfrigérateur jusqu'au moment de servir.

Avant de servir, verser les poires et le jus dans les assiettes à dessert. Garnir d'une cuillerée de yaourt et de fruits rouges.

Sorbet à la pêche

Dessert à savourer tel quel ou garni de morceaux de melon et de fraises.

> 375 g de pêches mûres, pelées,
>   dénoyautées et coupées en tranches
> 1 cuil. à soupe de miel
> 1/2 yaourt à la vanille sans matières grasses
> 1 pincée de muscade moulue pour la garniture

Mettre les pêches en une seule couche dans un plat, et cuire à 30 % de la puissance 1 à 2 minutes. Les passer au robot mixer jusqu'à ce qu'elles soient finement hachées. Ajouter le reste des ingrédients, sauf la muscade, et mixer jusqu'à ce que la préparation soit crémeuse. Verser dans des coupes et saupoudrer de muscade.

Pommes cuites à la mode

Remplace agréablement la tarte au pomme

> 1 cuil. à soupe de margarine
> 2 cuil. à soupe de sirop d'érable
> 60 ml de jus de pomme
> 1 filet de citron
> 2 grosses pommes à cuire, pelées,
>   épépinées et coupées en tranches
> 4-8 bonnes cuil. à soupe de glace à la vanille allégée
> 1 pincée de cannelle moulue pour la garniture

Dans un plat à tarte en verre, faire fondre la margarine à pleine puissance 15 secondes. Ajouter le sirop d'érable, le jus de pomme et le jus de citron. Ajouter les morceaux de pommes et bien mélanger. Couvrir de papier sulfurisé et cuire à pleine puissance 6 à 8 minutes jusqu'à ce qu'elles soient tendres.

Mettre la glace dans des coupes et la recouvrir de pommes et de jus. Saupoudrer de cannelle.

Gâteau de citrouille

(pour 6 personnes)

1 cuil. à soupe de margarine
500 g de citrouille épépinée, pelée et coupée en cubes
120 ml de substitut d'œuf, battu
40 g de sucre vergeoise
1/2 yaourt nature sans matières grasses
1 cuil. à café d'extrait liquide de vanille
1 pincée de cannelle moulue pour la garniture
1 pincée de muscade pour la garniture

Mettre la margarine et la citrouille dans un moule à tarte en verre. Couvrir de papier sulfurisé et cuire à pleine puissance 6 à 8 minutes jusqu'à ce que la citrouille soit tendre, en remuant une fois en cours de cuisson. Pendant ce temps, mélanger le reste des ingrédients, sauf la cannelle et la muscade, dans un récipient. Laisser de côté. Passer la citrouille cuite au mixer jusqu'à obtention d'une purée lisse. L'ajouter au mélange à l'œuf et au sucre et remettre le tout dans le moule à tarte. Saupoudrer de cannelle et de muscade et cuire sans couvrir à puissance moyenne 12 à 14 minutes, en tournant le moule trois fois en cours de cuisson. Laisser reposer 10 minutes.

Ananas chaud au sorbet de framboise

2 cuil. à soupe de sirop d'érable
220 g d'ananas frais ou en boîte, en morceaux
1 pincée de cannelle
300 g de quartiers d'orange
1/2 litre de sorbet à la framboise

Égoutter les morceaux d'ananas. Dans un plat de 1,5 litre, mettre les fruits, le sirop d'érable et la cannelle. Couvrir de papier sulfurisé et cuire à pleine puissance 1 à 2 minutes, en remuant une fois en cours de cuisson. Répartir dans des coupes et garnir d'une cuillerée de sorbet.

Boissons et Amuse-Gueules

Vin chaud aux fruits

1/2 litre de vin blanc sec
1/4 litre de jus d'orange
1/4 litre de jus d'ananas
8 quartiers d'orange
4 bâtons de cannelle
1 pincée de cannelle moulue

Dans un plat de 2 litres, mélanger tous les ingrédients sauf les bâtons de cannelle. Couvrir et cuire à pleine puissance 7 à 9 minutes jusqu'à ébullition, en remuant une fois en cours de cuisson. Verser dans des grandes tasses et y déposer un bâton de cannelle.

Thé indien épicé

1 litre d'eau
1 pelure d'orange (1 x 5 cm)
1 pelure de citron (1 x 5 cm)
1 bâton de cannelle
3 sachets de thé noir
120 ml de lait écrémé
Miel

Mettre l'eau dans un récipient haut et couvrir de film étirable aéré. Cuire à pleine puissance 6 à 7 minutes jusqu'à ébullition. Ajouter les pelures d'orange et de citron, le bâton de cannelle et le thé. Laisser reposer 5 minutes. Verser le lait dans un récipient et réchauffer à pleine puissance 30 à 60 secondes. Le lait doit être chaud mais pas bouillant.

Retirer la cannelle, les sachets de thé et les pelures et verser le thé dans une théière. Y ajouter le lait. Servir et sucrer avec du miel.

Pop-corn à l'ail et aux fines herbes

1,5 litre de pop-corn
2 cuil. à soupe de margarine
1/2 cuil. à café d'ail en poudre
1 pincée de basilic déshydraté
1 pincée d'origan déshydraté

Verser le pop-corn dans une grande jatte. Mettre la margarine dans un bol et cuire à pleine puissance 40 à 50 secondes. Y ajouter l'ail et les aromates et en arroser le pop-corn.

Pop-corn goût poulet

1,5 litre de pop-corn
2 cuil. à soupe de margarine
1/8 de tablette de bouillon de poulet
1 pincée de persil déshydraté
1 petite pincée de poivre de Cayenne

Verser le pop-corn dans une grande jatte. Mettre la margarine dans un bol et cuire à pleine puissance 40 à 50 secondes. Y ajouter le bouillon de poulet, le persil et le poivre de Cayenne. Laisser le bouillon se dissoudre et en arroser le pop-corn.

Tortilla chips maison

6 galettes de maïs (tortillas) coupées en triangles
3 cuil. à soupe d'eau
1/2 cuil. à café de jus de citron vert

Verser l'eau le jus de citron vert dans un bol. Mélanger en badigeonner légèrement les triangles de tortilla. Disposer la moitié des triangles sur une grande assiette. Cuire à pleine puissance 3 minutes jusqu'à ce qu'ils soient craquants. Répéter l'opération pour le reste des triangles.

Céréales aux raisins secs et à la pomme

100 g de flocons d'avoine

25 g de noix hachées

25 g de graines de tournesol

2 cuil. à soupe de son

2 cuil. à soupe de germes de blé

2 cuil. à soupe de lait écrémé en poudre

2 cuil. à soupe de miel

1 cuil. à soupe d'huile de colza

1 petit verre de pommes séchées, coupées en menus morceaux

40 g de raisins secs

Mettre les 6 premiers ingrédients dans un plat, et bien mélanger.

Verser l'huile dans un bol et en badigeonner tout l'intérieur. Ajouter le miel et cuire à pleine puissance 45 secondes pour le liquéfier.

Arroser les céréales de miel, en mélangeant. Cuire sans couvrir 2 minutes à pleine puissance, en remuant toutes les minutes. Ajouter les pommes et les raisins secs et laisser refroidir, en remuant de temps en temps.

Nachos

1 paquet de tortilla chips allégées

100 g de haricots sautés ("refried beans")

110 g de piment vert

50 g de cheddar râpé (ou mimolette)

1/2 cuil. à soupe d'aromates pour taco

Mettre une couche de tortilla chips sur 4 assiettes couvertes de papier absorbant. Puis, sur chaque assiette, mettre les haricots, les piments, le fromage et une pincée d'aromates. Réchauffer chaque assiette 1 minute, jusqu'à ce que le fromage soit fondu.

Muffins à la pomme et aux raisins secs

(7 muffins)

120 g de farine complète
1/4 cuil. à café de bicarbonate de soude
1 cuil. à café de sucre vergeoise
1 pincée de cannelle
2 cuil. à soupe de lait écrémé
100 g de compote de pommes non sucrée
60 ml de substitut d'œuf (ou 1 œuf)
2 cuil. à soupe de raisins secs

Garniture :
25 cuil. à café de sucre vergeoise
1 pincée de cannelle moulue

Recouvrir 7 petits moules ronds individuels de papier sulfurisé.

Dans un bol, mélanger la farine, le bicarbonate de soude, le sucre et la cannelle. Ajouter le lait, la compote, l'œuf et les raisins secs. Bien mélanger. Remplir à moitié les moules de cette préparation.

Dans petit bol, mélanger les ingrédients de la garniture et saupoudrer sur les muffins. Disposer les muffins en cercle dans le micro-ondes et cuire à pleine puissance 1 minute.

Tourner les moules d'un demi-tour et cuire à pleine puissance 1 à 2 minutes. Démouler aussitôt et disposer sur une grille. Laisser refroidir.

Canapés de tomate et piment vert

3 tomates moyennes hachées
1 petit oignon haché
2 cuil. à soupe de piments verts en boîte, égouttés
1 grosse gousse d'ail hachée
1 filet de citron
1 pincée d'origan
1 pincée de cumin
12-16 crackers à la farine complète
25 g de Mozzarelle allégée râpée

Mélanger les tomates, l'oignon, les piments, l'ail et le jus de citron dans un récipient. Cuire à pleine puissance 5 à 6 minutes jusqu'à ce que les tomates soient tendres, en remuant une fois en cours de cuisson. Égoutter et ajouter les condiments.

Étaler le mélange sur les crackers et les disposer sur une grande assiette plate. Saupoudrer de fromage. Cuire à pleine puissance 1 minute jusqu'à ce qu'il soit fondu.

Canapés de haricots sautés

220 g de haricots sautés ("refried beans")
32 crackers allégés
1 tomate moyenne, coupée en petits morceaux
1 piment haché (serrano, jalapeño ou hongrois)

Mettre les haricots dans un bol. Former une cavité au centre pour une meilleure cuisson. Cuire à pleine puissance 1 minute 1/2 à 2 minutes, en remuant une fois.

Étaler les haricots sur les crackers et garnir de tomate ou de piment.

Jus de pommes et de canneberges chaud

1/2 litre de jus de pomme
1/2 litre de jus de canneberges
4 tranches de pommes
1 cuil. à soupe de raisins secs
4 bâtons de cannelle

Mélanger tous les ingrédients sauf la cannelle dans un plat de 2 litres. Cuire à pleine puissance 4 à 5 minutes jusqu'à ce que les fruits soient tendres. Verser le jus dans de grandes tasses. Ajouter une tranche de pomme et un bâton de cannelle.

Cidre chaud

1 bon litre de cidre de pomme
1/2 cuil. à café de clous de girofle
1 pincée de poivre de Jamaïque
4 bâtons de cannelle

Mélanger tous les ingrédients sauf la cannelle dans un récipient. Cuire à pleine puissance 4 à 6 minutes. Verser dans de grandes tasses et ajouter un bâton de cannelle dans chacune.

Café au lait

1/2 litre de lait écrémé
1/2 litre d'eau
1,5 cuil. à soupe de substitut de café
1 cuil. à soupe de miel (facultatif)
1 pincée de cannelle pour la garniture

Verser l'eau et le lait dans un plat de 2 litres. Cuire à pleine puissance 4 à 5 minutes jusqu'à ce que le mélange soit chaud mais pas bouillant. Ajouter le substitut de café et remuer jusqu'à ce qu'il soit dissout. Ajouter éventuellement le miel. Verser dans des tasses et saupoudrer de cannelle.

Cacao de caroube

(pour 2 personnes)
La caroube et le substitut naturel du cacao. On trouve de la farine de caroube dans les magasins de produits diététiques.

1 cuil. à soupe de farine de caroube
1/2 litre de lait écrémé
2 cuil. à café de miel
4 gouttes d'extrait liquide de vanille

Mettre la caroube dans un récipient. Ajouter un peu de lait pour former une pâte lisse. Ajouter le reste du lait, le miel et la vanille. Couvrir de film étirable et cuire à pleine puissance 2 minutes 1/2 à 3 minutes, en remuant une fois en cours de cuisson. Servir dans de grandes tasses.

Index